Jan Fleischhauer

Alles
ist besser
als noch ein Tag
mit dir

Über die Liebe, ihr Ende und das Leben danach

 PENGUIN VERLAG

Verlagsgruppe Random House FSC® N001967

PENGUIN und das Penguin Logo sind Markenzeichen von Penguin Books Limited und werden hier unter Lizenz benutzt.

1. Auflage 2018
Copyright © 2017 beim Albrecht Knaus Verlag
in der Verlagsgruppe Random House GmbH,
Neumarkter Straße 28, 81673 München.
Covergestaltung: www.buerosued.de
nach einem Entwurf von Favoritbüro
Covermotiv: Favoritbüro, München
Satz: Buch-Werkstatt GmbH, Bad Aibling
Druck und Bindung: GGP Media GmbH, Pößneck
Printed in Germany
ISBN 978-3-328-10343-1
www.penguin-verlag.de

 Dieses Buch ist auch als E-Book erhältlich.

Für alle Liebenden

»Komödie ist Tragödie plus Zeit.«
Woody Allen

Inhalt

Männer sind von heiliger Einfalt

KAPITEL EINS, *in dem der Held feststellt, dass sein Leben auf Sand gebaut ist, und er sich mit dem Gedanken anfreunden muss, seine Frau an einen anderen verloren zu haben*

Ich wünschte, meine Frau wäre eine Affäre eingegangen, bevor sie mich verließ. Eine schicksalhafte Verbindung, die sie mir unter Tränen gestanden hätte und gegen die, wie ich hätte einsehen müssen, unsere Ehe keine Chance mehr gehabt hätte: Das hätte ich verstanden. Nicht gebilligt, aber verstanden. Leider war ich wieder an allem allein schuld, wie sich herausstellen sollte.

Sicher, es muss schrecklich sein, wegen jemand anderem im Stich gelassen zu werden. Man zermartert sich das Hirn, was der oder die Neue besitzt, das man selber nicht hat oder vielleicht nie hatte. Man stellt sich vor, wie die Intimitäten und Geheimnisse, die einen als Paar haben zusammenwachsen lassen, langsam durch einen neuen Schatz an Intimitäten und Geheimnissen ersetzt werden, der so lange gedeiht, bis die alten Gemeinsamkeiten derart verblasst und vergilbt sind, dass es gar nicht mehr auffällt, wenn sie auf dem Komposthaufen der Geschichte landen. Ganz sicher ist er oder sie auch eine Granate im Bett.

Aber eine Affäre als Trennungsgrund hat ihre Vorteile. Man

weiß, woran man ist. Keine Ausflüchte mehr. Kein Grund, sich länger etwas vormachen zu lassen. Außerdem bekommt die Wut über die Trennung, diese maßlose, jede Luft verzehrende Flamme aus Hass, Selbstmitleid und Weltanklage, ein Ziel. Wenn man mich fragt, ist es besser, einen Flammenwerfer in Händen zu halten als eine Handgranate. Eine Handgranate kann sich immer gegen einen selber richten, ein Flammenwerfer eher nicht.

Ich habe mich im Sommer vor sechs Jahren von meiner Frau getrennt. Na ja, das stimmt nicht ganz. Meine Frau hat sich von mir getrennt, was die Sache für mich nicht einfacher machte. Es war eine schockierende Erfahrung, die ich nicht meinem ärgsten Feind wünsche. Noch heute schrecke ich manchmal nachts mit dem Gedanken auf, dass alles wieder von vorne beginnt. Kein Ereignis hat mich so erschüttert wie das Ende meiner Ehe. Es war eine im wahrsten Sinne lebensverändernde Erfahrung. Ich weiß nicht, ob meine Frau das im Sinn hatte, als sie sich von mir verabschiedete. Wenn ja, dann hat sie erreicht, was sie wollte.

Ich habe meine Frau sehr geliebt, ein Teil von mir liebt sie vermutlich noch immer. Ich dachte, wir würden bis zum Ende zusammen bleiben, trotz aller Schwierigkeiten, die unsere Ehe mit sich brachte. Heute leben wir in zwei Städten: ich in München, sie in Frankfurt, beide gleich weit entfernt von unserer Berliner Wohnung, die jetzt einer netten älteren Dame gehört, von der ich nicht mehr weiß, als dass ihr Onkel Vicco von Bülow war, den die meisten Menschen unter seinem Künstlernamen Loriot kennen.

Für die meisten Menschen ist eine Scheidung die größte Katastrophe in ihrem Leben, so wie ich wissen sie es am Anfang nur noch nicht. Kein anderes Ereignis hat, wenn es einen schließlich ereilt, solch verheerende Auswirkungen, von schweren Unfällen und Krankheiten einmal abgesehen. Alles, worauf sich das gewohnte Leben gründete, wird mit einem Schlag infrage gestellt. Verloren ist die gesellschaftliche und emotionale Sicherheit, die eine Ehe mit sich bringt, selbst wenn sie unglücklich verläuft. Vieles, was bis dahin selbstverständlich erschien, muss neu erlernt werden. Finanziell droht der Ruin.

Man kann sich immer noch Schlimmeres vorstellen. Man kann einen Arm verlieren oder das Augenlicht. Ein naher Mensch stirbt. Manch Unglücklicher zieht sich im Laufe des Lebens ein quälendes, lebensverkürzendes Leiden zu. Aber das sind Schicksalsschläge, gegen die man sich nicht wappnen kann. Die Scheidung gehört zu der Art von Katastrophe, die Menschen sich selber zufügen. Sie ist, was die Wahrscheinlichkeit ihres Eintreffens angeht, auch bei Weitem die gewöhnlichste. Vielleicht wird sie deshalb so oft unterschätzt.

Wie immer, wenn etwas in die Brüche geht und großer Schmerz folgt, führt es einen an seine Belastungsgrenzen. Ich weiß, wovon ich rede, ich habe es am eigenen Leib erfahren. Man lernt sich selbst ganz neu kennen, manchmal besser, als einem lieb ist. Das gilt für den Menschen, mit dem man bis eben noch verbunden war, leider auch.

Es soll Fälle geben, in denen ein Paar einvernehmlich beschließt, getrennte Wege zu gehen. Es gibt ja auch Italiener, die ihr Geld zusammenhalten, und Babys, die vom ersten Tag an durchschlafen. In der Regel folgt dem Entschluss allerdings eine Auseinandersetzung, bei der alle Übereinkommen, die zur Einhegung von Gewalt und Terror getroffen wurden, schlagartig außer Kraft gesetzt sind. Wer den völligen Zusammenbruch menschlicher Zivilisation erleben will, muss nicht nach Nigeria oder in den Kongo fahren. Es reicht, einen Tag an einem deutschen Familiengericht zu verbringen.

Eine Trennung setzt alle möglichen Formen von Emotionen frei, das Bedürfnis nach Rache zuallererst, dazu Angst, Wut, Hass. Es sind zerstörerische Gefühle, die einen überwältigen, wenn man verlassen wird. Aber auch derjenige, der verlässt, findet so schnell keinen Frieden. Am Anfang fühlt er sich schuldig, doch das hält nicht lange, wie einem der Psychologe sagen kann. Dann folgt Verachtung für den anderen, der sich nicht in sein Schicksal fügen will, schließlich ebenfalls Wut und tiefe Abneigung, weil man ja vor sich selbst eine Rechtfertigung braucht, warum die Trennung unausweichlich war. Einen guten Menschen verlässt man nicht, nur einen bösen.

Irgendwann kommt der Punkt, an dem man sich entscheiden muss: Ob die Scheidung darüber bestimmt, wie man sich künftig verhält, man also zum Monster wird – oder man sein Schicksal in die Hand nimmt und versucht, das Beste daraus zu machen. Es ist wie in einem biblischen Gleichnis. Man kann den Moment der Entscheidung hinauszögern, sich Bedenkzeit erkaufen. Irgendwann hilft es nichts mehr. Dann muss man seine Wahl treffen. Aber lassen Sie uns an diesem Punkt den Dingen nicht zu weit vorgreifen.

Kennen Sie »Sodbrennen« von Nora Ephron? Es ist eines der besten Bücher über Scheidung, das ich gelesen habe, und Sie können mir glauben: Ich habe viele Bücher zu dem Thema gelesen. Ephron, die Frau, der wir den Film »Harry und Sally« verdanken, war im siebten Monat schwanger, als sie entdeckte, dass ihr Mann sie mit einer Bekannten betrog. Bei Durchsicht seiner Unterlagen war sie auf die Widmung in einem Kinderbuch gestoßen, das ihr Mann von seiner Geliebten geschenkt bekommen hatte. »Mein Liebling«, lautete die Widmung, »ich wollte Dir etwas schenken, um zu markieren, was heute passiert ist und was unsere Zukunft so viel klarer erscheinen lässt.« Wie sich herausstellte, war die besondere Sache, die unbedingt markiert werden musste, der Kauf einer Schlafcouch für ein heimlich angemietetes Büro, das sich das Paar als Liebesnest einzurichten gedachte.

Selbstverständlich ist es eine scheußliche Sache, als Schwangere ausgerechnet in einem Buch mit Kinderliedern das Fait accompli zu entdecken, das eine Ehe zum Einsturz bringt. Um so ein Beweisstück als besondere Widerwärtigkeit zu empfinden, muss man nicht schwanger sein. Aber in jeder Entdeckung steckt auch eine Erlösung. Schlimmer als der Betrug ist die Gutgläubigkeit des Betrogenen, die zum Schaden Spott addiert. Wie Ephron schreibt, wusste sie jetzt wenigstens, wer daran schuld war, dass ihr Mann ganze Nachmittage auf der Suche nach neuen Socken verbracht hatte, ohne jemals mit Socken nach Hause zu kehren: Thelma, die einen Nacken »wie eine Giraffe« hatte und Füße so breit wie ein Wisent und die mindestens zwei Kopf größer war als Noras Buch-Ehemann Mark, der in Wirklichkeit Carl hieß, und über den man nun in »Sodbrennen« nachlesen kann, dass er sogar »mit einer Jalousie Sex haben konnte«.

Was hätte ich dafür gegeben, einmal so vom Leder ziehen zu dürfen. Was wäre es mir für eine Freude gewesen, mich über den Nichtsnutz auszulassen, der unsere Ehe auf dem Gewissen hatte, weil er seine Hände nicht von meiner Frau lassen konnte, wofür er in einer anderen Zeit eine Kugel zwischen die Augen verdient hätte, und der dann auch noch die Kühnheit besaß, ihr das Blaue vom Himmel zu versprechen, so dass sie alles zurückließ, was ihr eben noch heilig gewesen war.

Leider existierte bei uns keine Thelma. Oder, in dem Fall,

ein Theodor. Wie mir meine Frau wieder und wieder versicherte, gab es nur einen einzigen Grund, warum es mit uns nicht weitergehen konnte, und das war ich. Kein Händchenhalten mit dem Nebenbuhler, keine Schmetterlinge im Bauch, die sie daran erinnerten, was sie über die Jahre vermisst hatte: Alles, was es brauchte, um sicher zu sein, dass diese Ehe hier und jetzt enden musste, war ein Blick auf mich.

»Lieber hocke ich allein in einer Ein-Zimmer-Wohnung in Kreuzberg, als noch einen Tag mit dir zusammenzuleben.« Das waren die Worte, mit der Ella ihre Entscheidung begründete. Wir standen in unserer Küche. Sie hielt sich an der Kochinsel fest, die wir mit dem Architekten in der Mitte des Raumes platziert hatten. Ein Block im Wert von 5000 Euro, der bald den Besitzer wechseln würde, zusammen mit dem Backofen, der bei Bedarf auf Dampfkochen umspringen konnte, und dem Wok-Gasfeld, das aus unserer Küche im Handumdrehen eine chinesische Garstation machte. In dem Moment ahnte ich noch nicht, dass ich den Kreuzberger Verhältnissen schon bald sehr viel näher sein würde als meine Frau.

Zorn ist eine mächtige Waffe. Als Nietzsche von der »Umwertung aller Werte« schrieb, kannte er keine zur Trennung entschlossenen Frauen. Hätte er sie gekannt, wäre ihm sofort klar gewesen, wie kolossal richtig er mit seiner Betrachtung lag. Egal wie haltlos die Positionen zunächst auch sein mögen: Irgendwie drehen es Frauen es immer so hin, dass sie am Ende die Betrogenen sind. Ich meine das nicht als Kritik. Ich bewundere das, ehrlich. Wahrscheinlich würde die deutsch-polnische-Grenze heute irgendwo bei Königsberg verlaufen, wenn nach dem Mauerfall eine über ihren Mann erboste Frau mit den Siegermächten abschließend über das deutsche Staatsgebiet verhandelt hätte.

»Sag mir eine Sache, die ich falsch gemacht habe!«, rief meine Frau bei einer der Gelegenheiten, als es darum ging, die moralische Bühne für die unausweichlich folgenden Auseinandersetzungen zu bereiten.

»Nenn mir nur eine einzige Sache, die du mir vorwerfen kannst.«

Was soll man auf so einen Satz antworten? Ich war ratlos.

Haben wir nicht von Kindheit auf gelernt, dass es in Konflikten kein Schwarz und Weiß gibt? Heißt es nicht, wer auf andere mit dem ausgestreckten Zeigefinger zeigt, deutet mit drei Fingern auf sich selbst zurück? Aber hier stand Ella, meine Frau seit anderthalb Jahrzehnten, und erklärte ohne den Anflug eines Zweifels, dass sie über die Jahre alles versuchte habe, unsere Ehe zu retten, bis ihr am Ende kein Ausweg blieb, als ihre Rettungsbemühungen einzustellen. Diese Aussage erwischte mich kalt. Es war so, als ob jemand am Anfang des 21. Jahrhunderts noch immer behauptete, es gebe nur zwei Geschlechter. Oder in Abrede stellen würde, dass sich die Erde erwärmt. Sie müssen zugeben, Sie wären auch sprachlos.

Beziehungsmäßig war die Konfliktlage damit allerdings geklärt: Meine Frau war Polen, ich das Dritte Reich. Mit dem Dritten Reich hatte man ab einem bestimmten Punkt auch nicht mehr verhandelt. Mit Nazis verhandelt man nicht, wie die Geschichte lehrt. Mit Nazis macht man kurzen Prozess. Oder besser gesagt: Man bereitet sich auf einen langen, erbarmungslosen Krieg vor, der einen viel Blut, Schweiß und Tränen kosten wird, bevor man schlussendlich den Sieg in Händen hält.

»Wir werden an den Stränden kämpfen, wir werden auf den Straßen und auf den Feldern kämpfen, wir werden in den Hügeln kämpfen, wir werden uns nie ergeben«, hatte Churchill seinen Landsleuten mit auf den Weg gegeben, als er seine

Entscheidung verkündete, alle Friedensangebote abzulehnen. Ella hatte die Lehren aus der Geschichte parat. Unser Kampf begann in der Küche, setzte sich im Hausflur fort, griff auf das Schlafzimmer, das Wohnzimmer und das Dach über, verlagerte sich auf die Straße, schloss Freunde, Bekannte und dann weitere Familienmitglieder ein, bevor er sich auf juristischem Gelände festbiss, wo, wie jeder Scheidungsveteran weiß, die Entscheidungsschlacht ausgetragen wird.

Tatsächlich hatte meine Frau wohl einen anderen Mann kennengelernt, bevor sie mich verließ. Aber als ich darauf kam, nützte mir dieses Wissen nichts mehr. Das Schlimmste lag da schon hinter mir. Die Anwälte hatten die Papiere ausgearbeitet. Das Einzige, was noch ausstand, war die formelle Entscheidung des Richters. Oder wir waren sogar schon vor Gericht gewesen, als ich ins Bild gesetzt wurde, ich weiß es nicht mehr. Die Erinnerung ist eine graue Katze. Was ich noch weiß, ist, dass ich so froh war, die Trennung überstanden zu haben, dass das Letzte, was ich mir wünschte, ein Streit über die Frage war, wann und mit wem alles begonnen hatte. Obwohl es mich natürlich brennend interessiert hätte. Wer will nicht wissen, gegen wen er ausgetauscht wurde und warum?

Nennen wir ihn Marc. Das scheint mir ein angemessener Name.

Beim Essen in dem italienischen Lokal, in dem wir uns jetzt trafen, wenn wir uns sehen wollten, erwähnte meine Tochter Julia eines Abends beiläufig, dass sie seit Kurzem zu dritt wohnten. Damit war die Katze aus dem Sack, wie man so schön sagt.

»Wie, zu dritt?«, fragte ich verblüfft.

»Vergangene Woche ist Marc bei uns eingezogen«, antwortete Julia in dem Ton jugendlicher Lässigkeit, in dem man seine Eltern über eine verhauene Mathearbeit aufklärt.

Aus meinem Blick muss sie geschlossen haben, dass die Mitteilung über die personellen Veränderungen im mütterlichen Haushalt von dem ihr gegenübersitzenden Vater doch nicht ganz so selbstverständlich aufgenommen wurde, wie sie dies angenommen hatte. Schnell schob sie nach, dass der neue Mitbewohner seine eigene Wohnung behalten werde; man wolle diese untervermieten, ein Mietkandidat sei auch schon gefunden. Als lasse diese Abfolge praktischer und für jedermann einsichtiger Schritte die ganz Sache in einem milderen, weniger spektakulären Licht erscheinen.

Ich kann nicht sagen, dass mich die Erkenntnis wie ein Blitz aus heiterem Himmel traf. Natürlich, Marc! Es lag alles so nah, wenn man eins und eins zusammenzählte.

Marc war das, was man einen Hausfreund nennt. Ein Bekannter unseres Nachbarn, der immer zum Blumengießen vorbeischaute, wenn der Nachbar auf Reisen war. Irgendwann bot Marc an, auch bei uns nach den Pflanzen zu sehen, wenn Urlaube ins Haus standen – eine Gefälligkeit, für die wir uns mit einer Kiste Wein und einer Karte revanchierten. Manches Klischee ist so wahr, dass nicht einmal die Wirklichkeit dagegen ankommt.

Ich gebe zu, ich habe ihn nie richtig wahrgenommen. Er wirkte wie der ewige Student, freundlich, aber ohne ein Charakteristikum, das mich veranlasst hätte, mehr als ein paar Sätze mit ihm zu wechseln. Lange wusste ich nicht einmal seinen Nachnamen. Jetzt weiß ich ihn: Kathenhusen, wie aus einem Roman.

Später hieß es, Marc habe Karten fürs Theater. Marc hatte immer die richtigen Theaterkarten, wie sich zeigte. Ich habe mich nie wirklich fürs Theater interessiert. Ich weiß, ich hätte mich interessieren sollen, das sagt auch meine beste Freundin Sahra. Möglicherweise wäre ich heute noch mit meiner Frau zusammen, wenn ich mehr Begeisterung für das deutsche Regietheater und die Stücke der Saison gezeigt hätte. Berlin hat in dieser Hinsicht wirklich viel zu bieten. Zeitkritik, wohin man blickt. Schauspieler, die im kritischen Auftrag durch Bäche von Schweineblut waten. Akteure, die sich die Kleider vom Leibe reißen, um das kapitalistische System zu demaskieren.

Leider mache ich mir weder etwas aus Schweineblut noch aus Nacktheit auf der Bühne. Nach meiner Erfahrung gehört es zu den bedauerlichen Grundsätzen des Lebens, dass sich im Theater und am Strand immer die Falschen ausziehen. Wenn man mich fragt, scheint das ein Gesetz der Moderne zu sein, mit dem sich die Absurdität der menschlichen Existenz gut zusammenfassen lässt. Ich weiß, solche Gedanken sollte ich lieber für mich behalten. Selbst Sahra zieht die Stirn kraus, wenn ich so etwas sage. »Elender Reaktionär«, sagt sie dann, und sie meint das weniger neckisch, als ihre Stimme vermuten lässt.

Marc seinerseits war bei mindestens drei Berliner Bühnen treues Mitglied im Abonnement. Ich bin sicher, er kann noch mitten in der Nacht, wenn man ihn weckt, alle Pollesch-Inszenierungen der vergangenen zehn Jahre aufsagen und fehlerlos herunterbeten, welche Rollen Sophie Rois gespielt hat, bevor sie in der »1. sozialistischen Butterfahrt der M/S Clara Zetkin« groß herauskam. Keine Frage, dass so jemand auch einfühlsam auf Frauen zugeht, die in ihrer Ehe schrecklich unglücklich sind. Was gibt es für einen schöneren Ort, den Gleichklang der Herzen zu entdecken, als das Parkett der Berliner Schaubühne?

Ich wünschte, ich könnte über Marc Kathenhusen wenigstens sagen, dass er wie Thelma riesige Füße hat. Oder Hände wie ein Elefantenmensch. Oder dass er auf irgendeine andere Art und Weise verunstaltet ist. Tatsächlich sieht er ganz normal aus. Leute, die weniger voreingenommen sind als ich, würden vermutlich sogar meinen, er sei ziemlich gut aussehend. Er ist auch nicht wesentlich älter als meine Frau oder von Gebrechen gepeinigt, die darauf schließen lassen, dass sie ihn in naher Zukunft aufopfernd pflegen müsste. In Wirklichkeit ist er sogar deutlich jünger als sie.

Um genau zu sein: Er ist zwölf Jahre jünger.

Wie ich feststellen musste, lässt sich für mich nicht einmal aus dieser Tatsache Kapital schlagen. Mag sein, dass ältere Frauen mit Vorurteilen zu kämpfen haben, wenn sie sich bei der Partnerwahl beim Lebensalter nach unten orientieren. Moralisch schlägt der Altersunterschied nicht zu ihren Lasten aus. Ein Mann, der seine Frau für eine Jüngere im Stich lässt, ist ein Dreckskerl, der Probleme mit dem Älterwerden hat. Eine Frau, die sich auf einen Jüngeren einlässt, ist einfach eine Frau, die ihrem Herzen folgt.

Für die Kinder ist es nie einfach, wenn ein Elternteil durch jemand anderen ersetzt wird. Das gilt erst recht, wenn der oder die Neue altersmäßig heranrückt. Ich erinnere mich, wie mir ein Kollege von der eigenartigen Situation berichtete, als ihn seine Mutter darüber in Kenntnis setzte, dass sie einen deutlich jüngeren Partner gefunden hatte. Wenn es im Büro jemand gibt, der Verständnis für die Vielfalt der Beziehungen hat, dann der ehemalige »taz«-Redakteur »Bommi« mit seiner ungebrochenen Sympathie für alles Revolutionäre.

»Ich habe einen neuen Freund«, sagte die Mutter zu ihm.

»Das freut mich sehr für dich«, antwortete er.

»Er ist jünger als ich«, sagte sie.

»Das macht doch nichts, Mama«, antwortete er, noch immer ganz der abgeklärte Sohn von Welt.

»Er ist auch jünger als du.«

Gut, so weit war es bei uns nicht gekommen. Aber auch zwölf Jahre sind ein beträchtlicher Abstand. Noch lange nach unserer Scheidung habe ich mich mit der Vorstellung getröstet, dass die Zeit bei Ella ihr zerstörerisches Werk mit dem unbarmherzigen Gleichmut der Jahre verrichten würde, wenn nicht morgen, dann eben übermorgen. Ich bitte in dieser Hinsicht um Nachsicht. Nur Heilige und eingeschworene Margot-Käßmann-Fans, die sogar dem Taliban Versöhnung anbieten würden, sind auch als Betrogene von allen Rachegedanken frei.

Die Ausgangsbedingungen für eine stabile Partnerschaft waren bei Marc und Ella nicht gut, da war ich mir mit meiner Freundin Sahra einig. Sahras Urteil in Beziehungsdingen ist nahezu untrüglich. Manchmal sieht sie schon Monate vor den Beteiligten die Risse an der Wand.

»Er trägt jetzt die Haare kürzer«, bemerkte sie neulich über einen gemeinsamen Freund in dem Ton, mit dem man gewöhnlich eine bedeutsame Entdeckung annonciert.

»Ja, und?«, sagte ich.

»Er hat eine Affäre.«

»Woher willst du das wissen?«

»Warte es ab.«

Sechs Wochen später saß unser Freund in einem Hotelzimmer, wo er zu begreifen versuchte, wie sein Leben nun weitergehen sollte, während seine Frau sich vom Anwalt betreuen ließ. Unheimlich. Aber auch unheimlich beeindruckend.

Nora Ephrons Freundin Betty konnte an der Sitzordnung bei einem Abendessen erkennen, wie Liebesdinge standen. Oder wer drauf und dran war, seinen Job zu verlieren. Einmal bemerkte Betty nach einem Cocktailempfang, so erzählt es Ephron in »Sodbrennen«, dass der Gesundheitsminister kurz davor stehe, entlassen zu werden. Der Beweis? Die Frau des Vizepräsidenten hatte dem Mann nach der Begrüßung auf die Schulter geklopft. »Wenn dir als Mitglied des Kabinetts auf die Schulter geklopft wird, dann bist du echt in Schwierigkeiten«, war Bettys Kommentar. Auf die heimliche Affäre einer gemeinsamen Bekannten schloss sie beim Blick auf deren Beine, die so makellos gewachsen waren, als stehe eine Woche Strandurlaub an. Und das im Winter.

Dem Gesundheitsminister blieben nach dem Empfang noch drei Tage bis zu seiner Entlassung. Auch im Fall der Frau mit den makellosen Beinen hatte Betty ins Schwarze getroffen, wie sich bald erwies. Was Betty leider nicht vorhergesehen hatte, war, dass es sich bei der Ehefrau, die bei dem Techtelmechtel die Betrogene war, um ihre Freundin Nora handelte. Irgendjemand bleibt bei einer Affäre immer auf der Strecke, das haben Dreiecksbeziehungen leider so an sich.

Man muss sagen: Gut, dass Betty und Sahra nie aufeinander gestoßen sind. Nicht auszudenken, was das für die Scheidungsquote in unserem Stadtteil bedeutet hätte. Manchmal ist es das Beste, die Dinge bleiben unter dem Teppich. Wenn die Menschen besser Geheimnisse bewahren könnten, würde allen viel erspart bleiben.

Auch was die Beziehung älterer Frauen zu jüngeren Männern anging, war sich Sahra sicher: Das kann nicht halten.

»Wer sich mit Mitte dreißig auf die Beziehung zu einer 47-Jährigen einlässt, muss auf vieles verzichten, was für andere Männer dieses Alters normal ist«, sagte Sahra. »Er kann keine eigenen Kinder haben. Er muss die Blicke seiner

Umgebung ertragen, die sich insgeheim fragen, ob er einen Mutterkomplex hat.«

Ich gebe zu, es hätte mir keine schlaflosen Nächte verursacht, wenn meine Frau zur Abwechslung die Verlassene gewesen wäre. Ich sah das Ende genau vor mir: Mit einem Schlag wäre für Ella alles aus, und sie würde sich fragen, ob das Abenteuer mit Marc es wert gewesen war, auf die Sicherheit einer Beziehung zu verzichten, die bis ins hohe Alter Bestand gehabt hätte. Selbstverständlich würde ich Mitleid empfinden. So eine Trennung ist immer eine schreckliche Angelegenheit, wer wüsste das nicht besser als ich. Aber kein Wort des Triumphs oder der Genugtuung. Nicht eine Silbe! Alles, was Ella von mir zu hören bekäme, wäre vornehme Anteilnahme.

Aber auch den Gefallen hat sie mir nicht getan. Eine Zeit lang hängte ich meine Hoffnung noch an die Tatsache, dass Marc seine eigene Wohnung behalten hatte. Statt alles aufzugeben, wie man das macht, wenn man zusammenzieht, hatte er seine alte Bleibe nur untervermietet. Das sah verdächtig danach aus, als ob sich hier jemand eine Rückfalloption offen halten wollte.

Dann war auch die Zweitwohnung weg. An einem Wochenende waren die Packer erschienen, wie ich bei einem unserer Abendessen beiläufig von Julia erfuhr, und hatten alles, was von Wert war, in den Wagen geladen. Vier Jahre leben Ella und Marc nun zusammen, ohne jedes Anzeichen, dass sich daran etwas ändern würde. Ich muss mir langsam eingestehen, dass sogar Sahra sich täuschen kann.

Im Nachhinein bin ich selber verblüfft über meine Leichtgläubigkeit. Wie konnte ich übersehen, was offenkundig war?

Es ist nicht so, dass es keine Hinweise auf einen anderen Mann gegeben hätte. Ach, was heißt Hinweise: Ein Leuchtfeuer an Beweisen hatte meine Frau hinterlassen.

Einmal lag ihr Handy auf dem Küchentisch, als eine Nachricht auf dem Display erschien, bei der ein Blick genügte, um zu erkennen, dass es sich nicht um die Erinnerung an einen Tennistermin handelte. Ich kann den genauen Wortlaut nicht mehr wiedergeben, aber die Botschaft war eindeutig.

Ich habe es dennoch vergeigt. Statt das Telefon an mich zu nehmen, um gewissenhaft alle Nachrichten auszuwerten und Kopien anzulegen, stürmte ich ins Wohnzimmer, um Ella das Beweisstück entgegenzuhalten.

Was für ein Anfängerfehler! Schade, dass man aus Krimiserien so wenig lernt. Die Sicherung des Tatorts ist bei einem Verbrechen bekanntlich das erste Gebot der Stunde. Ich kann nur jedem raten, sich in einer vergleichbaren Situation nicht von der Erregung des Augenblicks hinwegtragen zu lassen.

Ella versuchte gar nicht erst, Entrüstung zu heucheln, dass ich ihre SMS gelesen hatte. Sie verlegte sich auf die kopfschüttelnd vorgetragene Behauptung reiner Unschuld. Ihre Freundin Caro habe ihr die Nachricht geschickt. Ich wüsste doch, dass Caro an einem Buch sitze, in dem es um eine Affäre zwischen zwei Frauen gehe. Was ich als geheime Liebesbotschaft missverstehen würde, sei in Wahrheit Teil von Caros Buchprojekt, ein Spaß unter Freundinnen.

Kann man sich eine lachhaftere Erklärung ausdenken? Aber ich war verunsichert. Es hätte die Telefonnummer des Absenders gebraucht, um Ella der Lüge zu überführen. Oder besser noch: den Mailverkehr, der dem verräterischen Satz mutmaßlich vorausgegangen war. Es bedurfte nicht viel kriminalistischen Verstandes, um zu vermuten, dass im Telefon weitere Liebesschwüre gespeichert waren, aus denen man bei ein wenig Umsicht den Verlauf der Affäre bis zu ihren Anfängen hätte rekonstruieren können.

Stattdessen stand ich mit leeren Händen da. Der Moment der Überrumpelung war verstrichen. Wenn es je eine Chance gegeben hatte, meine Frau unter dem Schock der Entdeckung zum Geständnis einer Liebschaft zu bewegen, war diese Chance durch mein tölpelhaftes Verhalten zunichte gemacht. Damit blieb das Thema erledigt. Alle Einwände und Insinuationen meinerseits galten fortan nur als der hilflose Versuch, einen Vorwurf am Leben zu halten, von dem doch längst erwiesen war, dass er jeder Grundlage entbehrte.

Einer Frau wäre das nicht passiert, da bin ich sicher. Frauen haben einen siebten Sinn, was den Betrug angeht. Ich weiß, das klingt nach einem schlimmen Geschlechterklischee, aber es ist die Wahrheit. Männer sind in Beziehungsdingen oft von einer heiligen Einfalt. Man muss sie schon mit der Nase darauf stoßen, dass sie hintergangen werden, damit sie aufwachen. Vielleicht trauen sie ihrer Frau die Fremdgeherei nicht zu. Oder es mangelt ihnen generell an Fantasie. Beides wären keine schmeichelhaften Erklärungen.

Keine Ahnung, ob Frauen auch bessere Betrüger sind als Männer. Jedenfalls sind sie die gewissenhafteren. Ein Mann hätte irgendwann aus Schusseligkeit oder aus Gedankenlosigkeit die Deckung fallen lassen. So zu tun, als ob, erfordert nicht nur Vorstellungsvermögen, es braucht dazu vor allem Disziplin. Wie so oft im Leben scheitern die besten Vorhaben häufig an mangelnder Achtsamkeit für die Details.

Bis heute beharrt meine Frau darauf, ein Leben in Einsamkeit einem Leben mit mir vorgezogen zu haben. Ella würde sich lieber die Zunge abbeißen, als meine Vermutung zu bestätigen, dass Marc schon als Partner in Betracht kam, bevor sie mich verließ. Das ist jetzt die Wahrheit, wie auch ich sie zähneknirschend anerkennen muss. Jeder Anlauf, daran zu rütteln, wäre so vergeblich wie der Versuch, eine Trappistin zur Aufgabe ihres Gelübdes zu bewegen.

Eine Scheidung ist nie vorbei, das mag einem nur so erscheinen. Wenn man Glück hat, schafft man es, zu einem zivilisierten Umgang zurückzukehren. Aber wehe, einer kommt auf ein kritisches Thema zu sprechen, dann stehen die Pforten zur Hölle wieder sperrangelweit offen. Mit einer Trennung ist es wie mit der Kleinstadtidylle in einem Stephen-King-Roman: Von außen betrachtet sieht alles friedlich aus, doch unter der Oberfläche lauern die Monster.

Haben meine Frau und ich eine gute Ehe geführt? Ich würde sagen, ja. Aber schon diese Antwort setzt mich vermutlich ins Unrecht. Wie kann man eine Ehe als gut bezeichnen, die in Scherben endet, weil es einer der beiden Eheleute nicht länger aushält?

Ich weiß, ich stehe hierbei auf verlorenem Posten: Nach meiner Beobachtung sind Männer in Beziehungen einfach duldsamer als Frauen. Man kann ihnen das als Phlegmatismus auslegen, man könnte es aber auch einer höheren Toleranzbereitschaft zuschreiben. Warum nehmen wir vom anderen immer das Schlechteste an? Ich frage mich das wirklich. Es ist ein wenig wie in der Politik. Gibt jemand nach kurzer Beratung die Richtung vor, heißt es, er sei beratungsresistent. Geht er auf seine Mitarbeiter ein und wartet die Meinungsbildung ab, gilt er als unentschieden und führungsschwach. Je länger ich darüber nachdenke, desto mehr neige ich zu der Auffassung, dass man vielleicht doch mehr auf Margot Käßmann hören sollte. Wo dem Taliban ein Vertrauensvorschuss gewährt wird, dürfte auch ich noch eine Chance bekommen. Dafür würde ich sogar im Stuhlkreis Platz nehmen.

Meine Frau und ich hatten unsere Schwierigkeiten als Paar, keine Frage. Welches Paar hat die nicht? Gut, einige Freunde meinten, während wir noch zusammen waren, dass es ein Wunder sei, dass wir uns nicht schon längst hatten scheiden lassen, so wie wir uns stritten. Das schien mir etwas dramatisch ausgedrückt. Aber ich gebe zu, dass sich in einer Beziehung die Perspektive auf das, was normal ist, verschieben kann. Mir erschien es zum Beispiel völlig normal, dass meine Frau mich mitten in der Nacht unsanft weckte, weil sie der Ärger über eine Bemerkung von mir so lange wach gehalten hatte, dass sie es als unfair empfunden hätte, wenn sie diesen Ärger für sich behalten hätte, statt ihn mit mir zu teilen.

Wir konnten aus dem kleinsten Anlass aneinandergeraten. Ein unbedachtes Wort genügte, um einen Streit zu entfachen, der sich zu einem Flammensturm auswuchs, der alle Luft im Umkreis von hundert Metern verzehrte und dessen Glutnester noch Wochen später nicht vollständig erkaltet waren. Dann wiederum konnte die Temperatur so jäh abfallen, dass man sich irgendwann nach einem wärmenden Wutanfall sehnte, weil das Leben im Eheeis noch unerträglicher erschien als das in der Gluthölle des offenen Ehekrachs.

In meinen schlaflosen Nächten bin ich am Computer auf einige aufschlussreiche Studien gestoßen. Es gibt Untersuchungen, wonach häusliche Gewalt mehrheitlich von Frauen ausgeht. Angeblich sind es in Beziehungen in 60 Prozent der Fälle die Frauen, die schlagen. Das ist ein heikles Thema, weil man schnell in den Verdacht gerät, männliche Gewalt verharmlosen zu wollen. Wenn Männer zulangen, hat das aufgrund des Kräfteunterschieds oft gravierende Folgen. Dass ein Mann Zuflucht bei Freunden sucht, weil er von seiner

Frau so zugerichtet wird, dass man ihn in der Notaufnahme zusammenflicken muss, kommt hingegen eher selten vor. Für die Männer, die von ihren Frauen geschlagen werden, ist der häusliche Kampf dennoch peinlich. Statt Mitleid erfahren sie oft Spott und Belustigung. Wer lässt sich schon von seiner Frau verprügeln?

Ich muss sagen, ich glaube den Statistiken zur häuslichen Gewalt unbesehen. Ein Freund berichtete mir Jahre, nachdem er sich von seiner Frau getrennt hatte, von Auseinandersetzungen, die jeden Polizeibericht geschmückt hätten. So wie er es schilderte, hatte sich eine verhängnisvolle Dynamik entwickelt: Je mehr seine Frau außer sich geriet, desto ruhiger wurde er. Leider hatte das auf sie keinen beruhigenden Effekt, sondern stachelte sie im Gegenteil nur noch mehr auf. Dass er so ruhig blieb, während sie tobte, empfand sie als besonders hinterhältigen Versuch, sie ins Unrecht zu setzen. Außerdem bewies seine Beherrschtheit aus ihrer Sicht, wie unbeteiligt er in Wahrheit selbst bei der Bewältigung schwerer Krisen war.

Als ich ihn fragte, ob es auch zu Tätlichkeiten gekommen sei, winkte er ab. In der Regel sei es bei Faustschlägen geblieben, deren Spuren man durch lange Oberbekleidung habe verdecken können, klärte er mich auf. Auch mit Bissen lasse sich fertigwerden, wobei es ihn überrascht habe, wie er sagte, welche Blutergüsse das menschliche Gebiss auf einem Oberarm anrichten könne. Eigentlich habe man nur aufpassen müssen, dass seine Frau nicht in die Nähe schwerer Gegenstände oder Messer kam. »Die Küche war so gesehen ein ausgesprochen ungeeigneter Ort für Streitigkeiten, das Schlafzimmer dagegen deutlich empfehlenswerter. Leider befanden wir uns wie die meisten Paare selten im Schlafzimmer, wenn die Dinge eskalierten.«

Auch zwischen meiner Frau und mir konnten die Dinge schnell außer Kontrolle geraten. Einmal flog eine schwere Kasserolle so dicht an meinem Kopf vorbei, dass ich anschließend meinem Herrgott auf Knien dankte, dass er einen Schutzengel geschickt hatte, um die Hand dazwischenzuhalten. Aber was sollte ich mich beklagen? Hätte ich eine sanftere Frau geheiratet, die in der Lage gewesen wäre, ausgleichend und geduldig auf mich und meine Unzulänglichkeiten zu reagieren, wäre mir sicherlich langweilig geworden. Außerdem war die Impulsivität die Kehrseite großer Empfindsamkeit. Ein abgeklärterer Mensch als ich hätte diese Emotionalität zweifellos in die richtigen Bahnen zu lenken gewusst. Zu meinen Lieblingsfilmen gehört »The Hurt Locker« von Kathryn Bigelow über ein Bombenräumkommando im Irak. Leider fehlt mir für den Beruf des Bombenentschärfers die innere Ausgeglichenheit. Im entscheidenden Moment darf man keine Angst zeigen, sonst geht alles in die Luft.

Einer meiner Freunde hat mir später gesagt, er hätte schwören können, dass wir eines der Paare waren, die bis zum Ende durchhielten. Wer sich so in die Haare bekommen habe wie wir, der habe das Schlimmste hinter sich, davon sei er überzeugt gewesen. Als ich ihm dann stockbleich berichtete, dass Ella die Scheidung wollte, war er sprachlos. Er hatte mit allem gerechnet, aber damit nicht. Da ging es ihm wie mir.

Von meiner Tochter weiß ich, dass sich Ella und Marc noch nie gestritten haben. »Nicht ein Mal?«, fragte ich ungläubig, als wir bei einem Abendessen zufällig auf das Thema kamen.

»Nicht ein Mal«, sagte sie.

Vier Jahre sind eine lange Zeit, da kann sich viel ereignen. Einer fährt beim Ausparken eine Beule in den Wagen. Die Katze hat Durchfall, weil wieder mal das falsche Futter im Napf war. Der oder die dafür Ausersehene hat vergessen, rechtzeitig vor dem Urlaub die Zeitungen abzubestellen, so dass der Briefkasten der rumänischen Einbrecherbande schon von Weitem entgegenschreit: Hallo, alle ausgeflogen! Freie Bahn! Manche Leute geraten wegen weniger aneinander. Aber so wie es Julia schilderte, herrschte seit meinem Auszug engelsgleiche Harmonie.

Keine Ahnung, wie die beiden das hinbekommen. Vermutlich sitzen sie jeden Abend beisammen, wenn sie nicht gerade im Theater sind, und lesen sich gegenseitig Entspannungsliteratur vor. Außerdem wurden alle Gesellschaftsspiele in den Keller verbannt. Und Tennis gibt es auch nicht mehr. Wenn meine Frau eines nicht ausstehen konnte, dann, bei einem Wettbewerb zu unterliegen, egal ob es sich um eine Partie Mühle oder ein gemischtes Doppel handelte.

Wahrscheinlich lässt Marc Ella jedes Mal gewinnen. Das würde Marc ähnlich sehen. Er hat übrigens auch meinen Rotwein ausgetrunken, wie ich bei dieser Gelegenheit festgehalten wissen möchte. Ich hatte ein paar schöne Flaschen Pétrus gesammelt. Sie waren etwas zu warm gelagert. Aber ich bin sicher, sie haben immer noch vorzüglich geschmeckt.

Okay, das war jetzt unter der Gürtellinie. Aber wo steht geschrieben, dass man immer fair gegenüber seinem Nachfolger sein muss? Schon dieser Name: Marc. So heißen doch nur Anlageberater oder Leute, die einem überteuerte Versicherungen andrehen wollen.

Jaa, ich gebe es ja zu: Ich bin bei der Bewältigung der Trennung vielleicht doch noch nicht ganz so weit, wie ich dachte.

Was für eine verrückte Anomalie

KAPITEL ZWEI, *in dem der Wert der Ehe gepriesen wird und sich der Held der Geschichte daran erinnert, wie hoffnungsvoll einst alles begann*

Ich habe meine Frau auf einer Bürofeier kennengelernt. Sie stand mit einem Glas Wein in der Hand am Fenster, und ich wusste sofort, dass ich es mir nie verzeihen würde, wenn ich nicht den Platz neben ihr in Beschlag nähme, bevor jemand anderer das tat. Es war mein Büro, damit war ich strategisch schon mal im Vorteil. Wenn man gewollt hätte, hätte man darin Boule spielen können. Das erschien mir als ein weiteres Plus. Die meisten Menschen schließen von der Zimmergröße auf den Bewohner, so wie sie vom Preis eines Wagens Rückschlüsse auf dessen Fahrer ziehen – das bildete ich mir damals jedenfalls ein. In Wirklichkeit hatte Ella nur Augen für den peruanischen Strickpullover, den ich aus einem unerfindlichen Grund trug und der mich wie einen verhuschten Soziologiestudenten aussehen ließ und nicht wie einen ernst zu nehmenden Politikredakteur, der Bedeutsames über den gesellschaftlichen Umbruch im Osten zu sagen hat. Sie fand das sehr anziehend, wie sie mir sagte, als wir später auf den Tag zurückblickten, an dem alles begann. So kann man sich in Frauen täuschen beziehungsweise bei der Bedeutung von Quadratmetern bei der Partnerfindung.

Ich hatte im Revolutionsjahr 1989 eine Stelle beim »Spiegel« angetreten. Mein erster Artikel handelte von lustigen Ansagetexten auf Anrufbeantwortern. Im zweiten ging es darum, ob sich Bordellbesitzer der Förderung der Prostitution schuldig machen, wenn sie das Bordell zu gemütlich ausstatten. Man kann sich als Jungredakteur seine Themen nicht immer aussuchen. Wahrscheinlich hätte ich als Nächstes etwas zur Alternativkultur übertragen bekommen und später dann, wenn ich mich bewährt hatte, einen ersten politischen Auftrag. Aber dann war die Mauer aufgegangen, und damit hatte sich auch die journalistische Welt schlagartig gedreht. Jetzt waren es die in Hamburg ansässigen Redakteure, die das Nachsehen hatten, während Leute, die jung und unabhängig waren, die großen Geschichten schrieben. Als mich mein Ressortleiter fragte, ob ich nach Leipzig gehen wolle, um von dort aus zu berichten, was aus der DDR werden würde, brauchte ich nicht lange nachzudenken, um einzuschlagen. Wann hat man schon Gelegenheit, direkt danebenzustehen, wenn ein ganzes Gesellschaftssystem abgewickelt wird?

Es war ein großes Abenteuer, anders lässt es sich nicht sagen. Heute weiß ich, wie es sich anfühlt, wenn alles, worauf man sich verlassen hat, über Nacht nichts mehr gilt. Aber damals empfand ich es nur als unerhört aufregend, an einem Ort zu leben, der für jemanden aus dem Westen bis eben noch ferner gewesen war als Tokio oder Lima.

Der »Spiegel« hatte eine Villa im Süden der Stadt angemietet, die vor dem Krieg dem Verleger Herrmann Julius Meyer gehört hatte, dann einem Nazi, dessen Name zu Recht in Vergessenheit geraten war, und anschließend, nach dem Sieg der Sowjets, dem Kulturbund der DDR. Jetzt saßen wir in dem Haus, drei Redakteure aus Hamburg, alle ledig, keiner älter als dreißig. Wir hatten eine Sekretärin (die ehemalige Leiterin des Kulturbundes), drei Funktelefone (jedes so groß wie ein Backstein) und sämtliche Freiheiten der Welt. So ähnlich müssen sich die jungen Offiziere gefühlt haben, die es mit der vorrückenden Front nach Deutschland verschlagen hatte, habe ich im Nachhinein manchmal gedacht. Der Unterschied war, dass sich unsere Kampferfahrung auf das Umfahren von Schlaglöchern auf der nahe gelegenen Käthe-Kollwitz-Straße beschränkte.

Es gab niemanden, der uns hätte Anweisungen erteilen oder beaufsichtigen können. Im Winter kam zweimal am Tag der Heizer, um Kohlen nachzulegen. Von diesen Unterbrechungen abgesehen, waren wir ungestört. Alles, was wir zu tun hatten, war, am Ende einer Woche die Texte zu liefern, die wir am Montag versprochen hatten. Wenn man zwischendurch nicht erreichbar sein wollte, musste man nur so tun, als ob die Telefonleitungen mal wieder unbrauchbar waren. Um das Funktelefon in Betrieb zu nehmen, bedurfte es eines erhöhten Ortes, vorzugsweise ein Berg oder das Dach eines größeren Hauses. Für kurze Zeit hatte es einen eilfertigen Kollegen gegeben, der für Gespräche mit der Redaktion vor die Stadt fuhr, wo er dann die Antenne nach Westen ausrichtete, in der zitternden Hoffnung, dass in der Zentrale jemand abnahm, der ihm sagte, was zu tun war. Nach drei Monaten im Osten war er wieder Richtung Heimat verschwunden. Wir anderen schickten unsere Texte weiter per Faxgerät und gingen davon aus, dass sie schon ihren Weg ins Blatt fanden. Es gab nie Klagen, also war man mit unserer Arbeit offenbar zufrieden. Am Freitag, wenn alles erledigt war, kauften wie einige Kisten Bier und Wein und öffneten das Haus für alle, die Party machen wollten.

Ein Kollege von der »Welt« hatte Ella mitgebracht. Sie war seit einem halben Jahr als Unternehmensberaterin in Leipzig, um dem Maschinenbaukombinat Takraf beim Übergang in die neue Zeit zu helfen. Meinetwegen hätte Ella auch eine Immobilienspekulantin sein können, wie sie in diesen Tagen in Scharen über die Stadt herfielen, oder ein Hai von der Treuhand. Ich war vom ersten Moment an hingerissen. Ihre Augen, der Mund, die Stimme; die Art, wie sie sprach, rauchte, lachte: Ich fand alles an ihr zum Niederknien.

Dass sie keine Journalistin war, sprach aus meiner Sicht ebenfalls für sie. Ich bin in meinem Leben noch nie mit einer Journalistin zusammen gewesen. Mir reicht es, dass ich den ganzen Tag am Schreibtisch verbringe, da bin ich für Abwechslung dankbar. Außerdem kommt in Journalistenbeziehungen unweigerlich die Frage auf, wer besser schreiben kann. Es gibt genug Probleme im Zusammenleben, man muss sie nicht mutwillig vergrößern. Wenn beide denselben Beruf ausüben, kann es nicht ausbleiben, dass man sich vergleicht.

Beinahe wäre die Sache zwischen uns noch schiefgegangen. Statt gleich am nächsten Tag bei ihr anzurufen, ließ ich fast eine Woche verstreichen, bis ich mich wieder meldete. In der Zwischenzeit hatte ein Bekannter, der versuchte, in Leipzig sein Glück als Steueranwalt zu machen, die Initiative ergriffen und sich mit Ella zum Abendessen verabredet. Weil sie am Telefon dachte, er sei ich, hatte sie spontan zugesagt. Erst als sie sich beim Chinesen gegenübersaßen, bemerkte sie ihren Fehler. Aus meiner Sicht war der Bekannte ein furchtbarer Aufschneider, insofern passte die Verwechslung ins Bild. Aber man weiß ja nie: Frauen fallen manchmal auf die seltsamsten Typen rein. Außerdem kannte er sich mit Kunst aus, oder er tat jedenfalls so.

Kunst zieht immer, besser noch als Theater oder Literatur. Die Verbindung von Hochkultur und der Launenhaftigkeit der Börse, an der mit einem Federstrich Millionen gemacht werden können – das ist eine Kombination, die sogar Steueranwälten zusagt. Es ging dann noch einmal gut aus, weil ich nach fünf Tagen schließlich zum Telefon griff und Ella und ich den Abend in der richtigen Besetzung wiederholen konnten.

Wir begannen, uns regelmäßig zu sehen. Wir gingen ins Kino oder ins Theater. An Wochenenden holte ich Ella mit dem Wagen ab, und wir fuhren ins Umland. Manchmal brachte sie ihre Wäsche vorbei, weil ich der einzige Mensch war, den sie in Leipzig kannte, der über eine westdeutsche Waschmaschine verfügte. Wer einmal seine Wäsche in einer WM 66 aus DDR-Produktion gewaschen hat, weiß, wie wertvoll mich der Besitz machte. Wenn das Schonprogramm durchgelaufen war, nahm ich ihre Blusen und ihre Unterwäsche und hängte sie auf die Leine im Badezimmer. Lange bevor wir zusammenlebten, wusste ich schon, welche Größe und Farbe Ellas Dessous hatten. Mit anderen Worten, wir verhielten uns wie ein normales Liebespaar. Es gab nur eine Ausnahme: Wir gingen nicht miteinander ins Bett. Wir kamen dem nicht einmal nahe.

Jedes Mal, wenn wir uns gesehen hatten, setzte ich Ella anschließend zu Hause ab und verabschiedete mich höflich. Oder sie drückte mir an der Tür einen neuen Korb Schmutzwäsche in die Hand, und ich brachte sie am Wochenende gebügelt und gefaltet zurück. (Zu meinen Vorzügen, von denen ich immer fand, dass sie nicht ausreichend gewürdigt wurden, gehört die Fähigkeit, in kurzer Zeit große Mengen Kleidung so in Form zu bringen, dass sie auch nach Wochen noch wie unberührt aussehen. Wenn jemals ein Ratgeber über das richtige Bügeln gebraucht wird, ich bin der Mann dafür! Lachen Sie nicht, die Japanerin Marie Kondo hat mit einem Buch über das Aufräumen einen in 27 Sprachen übersetzten Bestseller gelandet. Ich bin sicher, dass auch das Bügeln irgendwann die Beachtung findet, die ihm zusteht.)

Was hielt uns davon ab, gemeinsam die Nacht zu verbringen? Ich hatte eine Freundin in Hamburg, die ich gelegentlich sah, doch das war nichts Festes. Außerdem: Seit wann wäre eine Fernbeziehung jemals Hinderungsgrund für eine Affäre gewesen? Es war auch nicht so, dass mir Ella zu verstehen gab, dass sie kein Interesse an einer Liebesbeziehung hatte oder dass ihr körperliche Annäherung unangenehm gewesen wäre. Sie fand einfach nicht statt.

Ein halbes Jahr lief das so. Wir gingen weiter ins Kino und ins Theater. Wir verbrachten die Wochenenden zusammen. Ich wusch ihre Wäsche. Ella war längst zu der Auffassung gelangt, dass ich schwul sein müsse oder asexuell. Als ich sie schließlich nach einem Abend mit Freunden an mich zog und küsste, war sie so überrascht, dass sie nur »oh« sagte. Ich erklärte, ich hätte erst die alte Beziehung beenden wollen, bevor ich mich auf eine neue einließ. Das wiederum fand Ella unglaublich aufrichtig und willensstark. Ich fand das in dem Moment auch. In Wahrheit weiß ich bis heute nicht, warum ich so lange gezögert habe. Vielleicht hatte ich instinktiv begriffen, wie ich ihr Herz erobern konnte. Was gibt es Romantischeres als eine Werbezeit, in der man sich füreinander aufspart? »Brautwerbung« ist das in Vergessenheit geratene Wort für den jahrhundertealten Ritus, in der sich der potenzielle Bräutigam seiner künftigen Braut im besten Licht zu präsentieren versucht. Im Zeitalter des »Casual Sex« haben wir davon nur noch eine vage Vorstellung. Wie sehr die Kontaktaufnahme der möglichen Ehepartner heute jeder Etikette und damit auch Sprache entkleidet ist, zeigt sich schon daran, dass es im Deutschen nicht mal mehr ein Wort für diese Form menschlicher Balz gibt. Als Ersatz hat sich das englische Wort »Dating« eingebürgert. Dabei ist gerade das »Dating« eine Form der Paaranbahnung, die klaren Regeln unterworfen ist, wie jeder weiß, der länger in Amerika gelebt hat. Wann ein Mann damit rechnen kann, dass auf einen Restaurantbesuch eine gemeinsame Nacht folgt (Faustregel: nach dem dritten Abend), ist unausgesprochen ebenso klar wie die Antwort auf die Frage, wer bezahlt (immer noch er), und ob ein gemeinsamer Konzertbesuch auch als »Date« zählt, das in die Drei-Abend-Rechnung eingeht (Konzert ja, gemeinsam besuchte Sportveranstaltung nein).

Es wäre gelogen, wenn ich sagen würde, dass es von nun an reibungslos lief. Wie bei allen Paaren, bei denen jeder gewohnt war, für sich allein zu entscheiden, gab es so viel zu bedenken.

Soll man auf getrennten Konten bestehen, auch wenn man Tisch und Bett teilt?

Was machen wir mit dem zweiten Satz Fonduebesteck?

Darf man Pflanzen in die Mülltonne werfen oder bleibt die Stechpalme im Haushalt?

Wo ziehen wir als Nächstes hin?

Die Antwort auf die letzte Frage mussten wir nicht sofort finden, aber es war klar, dass wir ihr auf Dauer nicht ausweichen konnten. Wir hatten ein langes Gespräch, indem ich versprach, dass wir alles teilen würden, inklusive der Kindererziehung, sollten sich Kinder einstellen. Selbstverständlich würden wir die Entscheidung, wo wir in Zukunft leben wollten, davon abhängig machen, wer von uns das bessere Angebot bekäme. Dann rief mein Chefredakteur an und fragte, wann ich wieder in Hamburg zu arbeiten anfangen könne. Damit war das vorerst entschieden.

In Hamburg regnete es die ganze Zeit, obwohl ich Ella versprochen hatte, dass Hamburg nicht so regnerisch sei, wie alle immer sagen. Das einzige Wochenende, an dem es so warm war, dass man ohne Pullover auf die Straße gehen konnte, verbrachten wir damit, die Wohnung zu streichen. Als wir fertig waren und nach draußen gingen, war der Sommer vorbei. In Berlin, wo wir als Nächstes hinzogen, war das Wetter besser. Dafür kam ich kaum noch aus dem Büro. Der Chefredakteur hatte mich zusammen mit einem Kollegen aus der Wirtschaftsredaktion zu Büroleitern gemacht. Bevor wir einen Fuß in das Büro gesetzt hatten, gab es bereits eine Liste mit Unterschriften, warum wir die Falschen für den Posten seien. Am Morgen, nachdem Ella mit unserem ersten Kind niedergekommen war, bestieg ich den Zug, um Personalgespräche zu führen. Ich entschuldigte mich nachher tausend Mal, dass ich nicht länger hatte an ihrer Seite bleiben können. Aber natürlich blieben Zweifel, was meine Prioritäten anging. Daran änderte auch meine Anwesenheit in den entscheidenden Stunden während der Geburt nichts.

Wenn ich heute über uns nachdenke, würde ich sagen, wir waren nicht glücklicher, aber auch nicht unglücklicher als andere Paare. Wir heirateten. Wir bekamen ein zweites Kind. Wir legten uns eine Couchgarnitur zu. Wir stießen die Couchgarnitur wieder ab. Wir kauften einen Kombi, weil der Kinderwagen nicht in den Kofferraum des alten Wagens passte, obwohl ich mir geschworen hatte, beim Autokauf nie, nie, nie einen Kompromiss zu machen.

Ihre Freunde wurden meine Freunde und meine Freunde wurden ihre Freunde. Wenn ich einen Satz sagte, konnte ihn Ella beenden, bevor er ganz ausgesprochen war. Es gab Kindergeburtstage, Weihnachtsessen und Familienurlaube, die die Fotoalben wie Jahresringe wachsen ließen. Wir zogen nach New York, wo ich eine Stelle als Wirtschaftskorrespondent antrat, und wieder zurück, und dann, eines Nachmittags, kam Ella zur Tür herein und sagte, sie habe das Vertrauen in unsere Beziehung verloren.

Die Gewissheit, nicht allein zu stehen, spendet Trost. Wenn es anderen genauso geht wie einem selber, kann man sich sagen, dass man nicht der einzige Trottel ist, dessen Welt gerade in Scherben fällt. 2016 haben sich in Deutschland 162 397 Paare scheiden lassen, im Jahr zuvor waren es 163 335. Über zehn Jahre gerechnet beschließen damit fast 3,3 Millionen Menschen, den Bund fürs Leben, den sie einst unter so hoffnungsvollen Vorzeichen geschlossen haben, vorzeitig zu beenden. Unter therapeutischen Gesichtspunkten sind das ermutigende Zahlen. Leider half mir die Erkenntnis, dass ich mit meinem Schmerz nicht allein war, kein bisschen weiter, wie ich feststellen musste. Ich fürchte, ich wäre für jede Selbsthilfegruppe ein lausiger Kandidat.

Vier Wochen, nachdem meine Frau unsere Ehe für beendet erklärt hatte, setzte ich mich an den Computer und begann mit der Arbeit an einem Buch über Trennungen. Auch Schreiben verspricht Heilung. Wer schreibt, meint, die Lage unter Kontrolle zu bekommen. Das ist eine Illusion, keine Frage, so wie die heilende Kraft der Selbsthilfegruppe. Aber an diese Illusion konnte ich wenigstens glauben.

»Alle glücklichen Familien gleichen einander, jede unglückliche ist auf die ihr eigene Art unglücklich«, heißt es zum Beginn von »Anna Karenina«. »Für die meisten Menschen ist eine Scheidung die größte Katastrophe in ihrem Leben, sie wissen es am Anfang nur nicht gleich«, lautete in Anlehnung an Tolstoi der erste Satz meines Buches. Das war ein Auftakt, mit dem sich arbeiten ließ, wie ich fand.

Wie schreibt man über Scheidung? Schon über die Anbahnung einer Beziehung zu schreiben ist eine Gratwanderung. Man kann leicht abgleiten. Verglichen mit den Gefühlen, die einen bei einer Trennung in Besitz nehmen, ist alles andere hingegen ein Kinderspiel. Ich weiß nicht, wie viele Anläufe ich nahm. Jeden Dienstag traf ich Sahra und legte ihr das Ergebnis meiner Schreibbemühungen vor. Wir waren einmal die Woche zum Essen verabredet, damit ich nicht völlig vor die Hunde ging, wie sie sagte. Manchmal huschte beim Lesen ein Lächeln über ihr Gesicht, aber oft legte sie die Ausdrucke, die ich ihr mitgebracht hatte, schon nach der Hälfte der Lektüre zur Seite.

»Lass es, so etwas schreibt man nicht mal in sein Tagebuch«, sagte sie und gab dem Kellner ein Zeichen für eine Runde »richtiger Getränke«, wie sie das nannte. »Das Geheule würde nicht mal deinen Hund interessieren, wenn du einen hättest.« Ein andermal fand sie mich unerträglich zynisch. Dann wiederum erklärte sie kopfschüttelnd, so verbittert wie ich sei ja nicht einmal eine verlassene Frau.

Wie also schreibt man am besten über Gefühle? Sahra hat recht. Es gibt eine Form von Privatheit, die beim Leser nicht Interesse, sondern Beklemmungen auslöst. Außerdem existieren Grenzen des Anstands, die zu beachten sind, von den juristischen Vorgaben ganz abgesehen. Nachträglich auf dem Papier gewinnen zu wollen ist billig.

Anderseits will man als Autor aufrichtig sein. Nur wahre Sätze sind gute Sätze, wie mein langjähriger Nachbar Franz Josef Wagner sagen würde. Autobiografisches Schreiben zwingt einen, sich die Fragen vorzulegen, denen man normalerweise ausweicht. Die Bilanz kann dann sehr ernüchternd ausfallen.

Wenn man bei der Wahrheit bleiben will, ist man schnell bei sich selbst und dem eigenen Versagen.

Natürlich lässt sich über das Scheitern der Liebe schreiben, ohne dass man auf eigene Erfahrungen zurückgreift. Es gibt viele Untersuchungen, warum Menschen zusammenkommen und wieder auseinandergehen. Ich habe bei der Beschäftigung mit dem Thema selbst in großem Maße von diesen Studien profitiert. Ich kann sogar sagen, dass ich, was Trennungen angeht, auf dem aktuellsten Stand der Forschung bin. Dennoch wäre es mir feige vorgekommen, das Persönliche auszusparen. Über Gefühle zu schreiben setzt voraus, sie zu kennen. Man muss nicht reich sein, um Kluges über den Umgang mit Geld zu Papier zu bringen. Man muss nicht einmal viel von Sex verstehen, um hilfreiche Ratgeber über ein besseres Sexualleben zu verfassen. Aber wer niemals aufrichtig geliebt hat, wird nicht wirklich über die Liebe und ihre Verwicklungen Rechenschaft ablegen können.

Ich begann parallel zur Selbstbeobachtung mit einer Materialsammlung. Wenn ich in der »Süddeutschen Zeitung« einen Artikel über juristische Händel wegen Nachbarschaftslärm las, fiel mir sofort die Stelle ins Auge, in der von einem Gerichtsurteil die Rede war, wonach Ehekrach als »sozialadäquat« gilt, allerdings nur, solange er sich auf kurzzeitige Wortgefechte beschränkt, und sich nicht, wie im zu entscheidenden Fall, über sieben Nächte hinzieht. Ich schnitt mir die Liste an wöchentlichen Aufwendungen aus, mit der die Frau eines russischen Gasoligarchen begründete, warum 1,3 Millionen Pfund an Unterhalt in London allenfalls das Existenzminimum decken. Ich merkte mir die Bundesländer, in denen das Risiko für eine Scheidung am höchsten ist (Bremen gefolgt von Berlin sowie, aus welchem Grund auch immer, Hamburg), und notierte die Scheidungsraten nach Nationen gestaffelt (Belgien: 70 Prozent, Chile: 3 Prozent). Als ich von meiner Morgenzeitung darüber in Kenntnis gesetzt wurde, dass auch bei dem Fußballerpaar aus Grünwald die Ehe an einem seidenen Faden hing, drückte ich den beiden die Daumen, dass sie diese Krise überstehen mögen, allerdings erst nachdem ich einen Google-Alert angelegt hatte, der sich automatisch aktualisierte.

Bereits nach einem Monat hatte sich ein faustgroßer Stapel an Ausschnitten gebildet. Nach einem halben Jahr war die Sammlung so umfangreich, dass ich das Material in einen Schrank im Wohnungsflur auslagern musste. Zunächst wusste ich nicht, was ich mit den Ausrissen anfangen sollte. Es ging mir am Anfang vor allem darum, Distanz zum Erlebten zu schaffen, indem ich meine Erfahrung objektivierte. Dabei folgte ich eher einem Impuls als einem Plan. Erst später kam mir die Idee, die Fakten, die ich über die Jahre gesammelt hatte, als eine Art Hintergrundchor zu nutzen. Warum nicht die eigene Erfahrung in einen größeren Kontext jederzeit überprüfbarer Fakten einbetten? Das war für einen persönlichen Text vielleicht etwas ungewöhnlich, aber so ungewöhnlich dann auch wieder nicht. Das Prinzip der »literarischen Montage« hatte schon Walter Benjamin in seinen Pariser »Passagen« erprobt, um das subjektive Erleben im Objektiven und damit Verallgemeinerbaren zu spiegeln.

Ich schreibe seit meinem 14. Lebensjahr. Ich begann mit Gedichten in der Tradition des französischen Kindergenies Arthur Rimbaud. Mit 16 Jahren wechselte ich zur ernsten Arbeiterlyrik im Stile Bert Brechts, bis ich einsah, dass Lyrik nicht wirklich mein Metier war, und ich mich stattdessen auf Kurzgeschichten und tagebuchartige Alltagsbeobachtungen verlegte. Wenn ich Liebeskummer hatte oder mich ein anderes Leid heimsuchte, griff ich zu Stift und Papier, um meinen

Gefühlen Ausdruck zu verleihen. Ich hatte früh erkannt, dass man, wenn sich schon nichts am Kummer ändern lässt, aus dem Kummer immerhin Mehrwert gewinnen kann. Einmal im Jahr trug ich das Fabrizierte zum Buchbinder und ließ es mir in bunten Karton einschlagen. Ich habe es nie verstanden, wenn Leute sagen, dass sie für sich und die Schublade schreiben. Ich hatte zur Textproduktion immer ein libidinöses Verhältnis, was aus meiner Sicht eine Veröffentlichungsabsicht zwingend einschließt.

Darf man beim Schreiben auf das Selbsterlebte zurückgreifen, auch wenn das bedeutet, dass man andere involviert? In manchen Fällen kommt man nicht umhin, wäre meine Antwort. Viele Autoren nutzen das eigene Leben als Vorlage, woher sollen sie auch sonst ihr Anschauungsmaterial beziehen? Naturgemäß gibt das Ärger. Diejenigen, die sich in einem Buch wiedererkennen, sind nicht immer glücklich damit, wie sie dort vorkommen. Er sei ein »Schriftsteller seiner selbst«, hat Philip Roth einmal gesagt, was seine Ehefrau, die Schauspielerin Claire Bloom, keinen Deut versöhnlicher stimmte, als sie in einem Manuskript eine »bemerkenswert uninteressante« Schauspielerin namens »Claire« entdeckte, samt postkoitalen Gesprächen, bei denen nicht klar war, was im Kopf des Dichters und was im realen Bett stattgefunden hatte. Bloom hat später gleichgezogen, indem sie in einem »Memoir« die »belohnende, aber letztlich folterhafte Beziehung« zu Roth Revue passieren ließ, inklusive unvergesslicher Details wie dem, dass der berühmte Schriftsteller bei der Trennung von seiner Frau 62 Milliarden Dollar als Entschädigung forderte, etwas über 3 Milliarden für jedes gemeinsam verbrachte Jahr.

Den spektakulärsten Fall literarischer Selbstausbeutung hat zweifellos der norwegische Autor Karl Ove Knausgård gelie-

fert, als er sich daranmachte, sein Leben zu einer Roman-
serie mit insgesamt viereinhalbtausend Seiten zu verarbeiten.
Alles kommt vor: der unselige Hang zur Trunksucht, die
Heirat mit seiner Freundin Linda und die sich daran anschlie-
ßende Tretmühle des Familienlebens, die immer wiederkeh-
renden Schreib- und Versagensängste. Knausgård unternahm
nicht einmal den Versuch, Einzelheiten zu ändern. Wie ich
einem Interview entnommen habe, unterzog sich seine Frau
nach Lektüre erst einem Aufenthalt in der Psychiatrie, dann
leitete sie die Trennung ein. Auch mit seinem Onkel, der
ihm sehr nahestand, ist Knausgård seit Veröffentlichung seiner Bücher so über Kreuz, dass ein Gespräch nicht mehr
möglich ist.

»Will man in die Wirklichkeit eindringen, wie sie für den
Einzelnen ist – und irgendeine andere Wirklichkeit gibt es
nicht –, will man es wirklich, dann kann man keine Rücksicht nehmen«, schreibt Knausgård zum Abschluss des sechs-
ten Bandes. »Es schmerzt, wenn keine Rücksicht genommen
wird, und es schmerzt, keine Rücksicht zu nehmen. Dieses
Buch hat allen in meiner Umgebung wehgetan, es hat mir
wehgetan, und in einigen Jahren, wenn sie groß genug sind,
um es zu lesen, wird es meinen Kindern wehtun.« So weit
wollte ich es nicht kommen lassen. Mir fehlt der Glaube
an eine künstlerische Mission, die mich berechtigt, anderen wehzutun. Rücksichtslosigkeiten hatten Ella und ich uns
außerdem schon genug geleistet.

Ich habe mich am Ende für einen Roman entschieden,
das erschien mir für mein Vorhaben die beste Form. Das
Ich des Autors und das Ich im Roman mögen noch so viel
Gemeinsamkeiten aufweisen: Als ein Werk der Fiktion erhebt
der Roman nicht den Wahrheitsanspruch eines journalistisch
angelegten Textes. Dass ein Autor die Formensprache des

Romans wählt, zeigt dem Leser, dass er in freier schöpferischer Gestaltung eigener wie fremder Eindrücke, Erfahrungen und Erlebnisse eine künstlerische Wirklichkeit schaffen will. Dies war meine Intention. Das muss nicht auf Kosten der Wahrhaftigkeit gehen, auch nicht zulasten der Authentizität.

Von Woody Allen stammt der Satz, dass die Ehe der Versuch sei, zu zweit die Probleme zu lösen, die man allein nicht hätte. Warum überhaupt heiraten? Das ist eine berechtigte Frage, wie ich finde. Ich beschloss, die Sache grundsätzlich anzugehen, ich hatte ja nun ausreichend Zeit. Bevor man sich darüber klar zu werden versucht, was Menschen in die Trennung treibt, sollte man erst einmal versuchen, eine Antwort darauf zu finden, warum sie überhaupt eine Ehe eingehen.

Seit ich denken kann, höre ich, dass die Ehe am Ende sei. Die Ehe sei ein Gefängnis, heißt es, eine Farce, das traurige Überbleibsel einer schlechteren Zeit. Sogar die evangelische Kirche hat sich inzwischen von der Ehe als Ideal einer geglückten Partnerschaft verabschiedet. Ob alleinerziehend, geschieden oder unverheiratet: Der Kirche ist alles gleich lieb, so hat es der Rat der Evangelischen Kirche Deutschlands in einer »Orientierungshilfe« verabschiedet. Das Dokument weist dabei auf Jesus Christus hin, der ehelos in der Gemeinschaft seiner Jünger lebte.

Alle Abgesänge können allerdings nichts daran ändern, dass die Ehe nach wie vor für die meisten Menschen das große Ziel ihres Lebens ist. Nur eine verschwindende Minderheit möchte für immer und ewig unverheiratet bleiben. Wenn viele dennoch so zusammenleben, ohne Ring und ohne Standesamt, dann in der Regel, weil sie sich nicht trauen, den letzten Schritt zu gehen. Oder weil sie glauben, den richtigen

Moment verpasst zu haben. Selbst die feministisch bewegte »taz«-Redakteurin, die in ihren Artikeln das hohe Lied auf die Patchworkfamilie anstimmt, träumt insgeheim vom Heiratsantrag. Jede Frau will einmal in ihrem Leben gefragt worden sein, ob sie zu einer Ehe bereit sei, so wie jeder Mann einmal das Einverständnis dazu hören möchte. Es ist eine Sache, ledig zu sein, weil man einen Antrag abgelehnt hat. Und eine andere, unverheiratet zu bleiben, weil man nie einen bekam.

Es gibt neben dem romantischen Mehrwert auch sehr handfeste Gründe, die für die Ehe sprechen. Ich habe mir eine Liste angelegt. Manchmal ist es wichtig, sich zu vergewissern, dass die Sache, für die man streitet, die richtige ist, auch wenn man gerade reichlich Anlass hat, an ihr zu zweifeln.

Wer verheiratet ist, lebt länger. Studien zufolge haben Unverheiratete eine frühere Sterbewahrscheinlichkeit, und zwar unabhängig von der Lebensweise. Die Ehe schafft dazu Wohlstand, erhöht nachweislich das Lebensglück und ist gut für den Nachwuchs. Amerikanische Forscher haben herausgefunden, dass verheiratete Paare gesündere und erfolgreichere Kinder haben als Unverheiratete oder Alleinstehende. Wer in einer Familie aufwächst, in der die Eltern einen Trauschein besitzen, wird weniger häufig straffällig, hat seltener Asthma, ist besser in der Schule und verdient als Erwachsener mehr. Außerdem sinkt das Risiko der Teenagerschwangerschaft.

Auch die Auswirkungen auf die Gesundheit sind beeindruckend. Glücklich verheiratete Menschen haben ein deutlich vermindertes Schlaganfall- und Herzinfarktrisiko und leiden seltener an Depressionen. Sie kommen besser mit Stress zurecht und zeigen nach schweren Verletzungen eine schnellere Wundheilung. Man sollte meinen, dass die positiven Effekte auf Leute beschränkt bleiben, die mit ihrer Ehe zufrieden sind. Aber eine groß angelegte Studie kam im vergangenen Jahr zu dem Ergebnis, dass bei Männern mit Diabetes auch eine schlechte Ehe ihre Vorteile hat.

Manchmal rettet einem die Ehe sogar das Leben. Spätestens vor einer Transplantation sollte man einen Ehering tragen. Wenn sich ein Arzt entscheiden muss, ob er die neue Niere einem verheirateten oder einem unverheirateten Patienten einpflanzen soll, wird er sich immer für den verheirateten Patienten entscheiden. Die Medizin bevorzugt Eheleute. Der Grund ist kein sentimentales Vorurteil, sondern ebenfalls kalte Wissenschaft. Wer in einer auf Dauer angelegten Beziehung lebt, hat nach einer schweren Operation erwiesenermaßen die besseren Überlebenschancen.

Ich war immer ein ausgesprochener Fan der Ehe, vielleicht traf mich die Auflösung deshalb so hart. »Was für eine verrückte Anomalie«, schrieb ich gleich zu Anfang in mein Scheidungstagebuch. »Eine Lebensform, die so oder so ähnlich seit 5000 Jahren existiert und die uns nicht Freiheit, sondern Eingrenzung in Aussicht stellt.«

Alles in unserem Leben ist auf Verschleiß angelegt. Angeblich steht der Moment, an dem die Glühbirne ihren Geist aufgibt, schon an dem Tag fest, an dem wir sie kaufen. Wir wechseln unser Auto, wenn sich die Gelegenheit dazu ergibt, unser Haus, den Job. Wer heute sein Leben lang bei derselben Firma bleibt, muss sich fragen lassen, was bei ihm nicht stimmt. Manche wechseln auch ihre Freunde und Freundinnen mit der Laune der Saison. Sosehr die Leute die Freiheit als politisches Konzept hassen, so sehr bestehen sie darauf, dass ihnen in der privaten Lebensgestaltung alle Möglichkeiten offen stehen. Die Auswahl ist inzwischen so groß, dass in der Buchhandlung kulturkritische Abhandlungen über die »Tyrannei der Freiheit« stehen.

Nur die Ehe ist für immer, jedenfalls der Idee nach. Deshalb ist ihr Symbol der Ring, der uns bindet, und nicht eine Krone oder ein Stern. Das schließt nicht aus, dass nicht auch Clowns und Scharlatane vor den Altar treten, um ewige Treue zu schwören, aber das ist die Ausnahme zur Regel. Wer betrügen will, kann dies einfacher haben, dazu muss er nicht heiraten. Für die überwältigende Mehrheit der Heiratswilligen gilt, dass sie reinen Herzens sind, wenn sie einander das Ja-Wort geben. Das verleiht dem Moment eine Erhabenheit, die sich auch durch Wiederholung nicht abnutzt.

»Vielleicht wollen wir zu viel«, fragte ich mich an anderer Stelle in meinen Eintragungen. Ist das unser Problem? Sind wir zu anspruchsvoll?

Historisch gesehen war es noch nie so leicht wie heute, seinem Herzen zu folgen. Es gibt in den westlichen Gesellschaften keine Klassen- oder Rassenschranken, die einen hindern, das Eheglück zu finden. Auch Alter, Einkommen oder soziale Herkunft spielen gesellschaftlich keine große Rolle mehr. Sogar das Geschlecht ist nebensächlich geworden, nicht für diejenigen, die sich das Ja-Wort geben, aber für die Institutionen, die den Bund fürs Leben legalisieren sollen.

Wer will, kann sich einer Milliardenindustrie anvertrauen, die einem unter Zuhilfenahme modernster Technologien verspricht, den perfekten Partner zu finden. Wo die Heiratswilligen früher auf Zufall und Intuition vertrauen mussten, stehen heute Algorithmen bereit, die in Windeseile Tausende von Datensätzen durchkämmen. Niemand zwingt einen, die Dinge zu überstürzen, weil auf Traditionen oder religiöse Pflichten Rücksicht genommen werden muss. Man kann stattdessen den idealen Zeitpunkt abwarten, um die besten Voraussetzungen für eine dauerhafte Partnerschaft zu schaffen. Kurz: Die Bedingungen für das Gelingen der Ehe waren noch nie so gut wie heute. Gleichzeitig ist es noch nie so schwierig gewesen, verheiratet zu bleiben. Das ist ein erstaunlicher Widerspruch. Man kann es das »Ehe-Paradox« nennen.

Mit den Möglichkeiten, die uns die Partnersuche heute bietet, steigen die Ansprüche. Wenn man sich nicht mehr binden muss, weil die Eltern oder die Gesellschaft es verlangen, dann muss der Mensch, an den man sich bindet, so großartig sein, dass sofort ins Auge springt, warum er die Verpflichtung wert war. Die Idealisierung des Partners belastet aber nicht nur das Glück, das man gefunden zu haben meint, sondern auch einen selber. Wo einen niemand mehr zur Vermählung zwingt, gibt es später auch keine Entschuldigung, wenn sich herausstellt, dass man bei der Partnerwahl unter seinen Möglichkeiten geblieben ist. Wer lässt sich schon freiwillig mit jemandem ein, der eine Macke hat? Das wäre so, als ob man sich mit einem zweitklassigen Ladenhüter bescheiden würde. »Du bist es dir wert«, heißt der Lockruf der Warenwelt. Warum sollte man ausgerechnet bei der wichtigsten Entscheidung seines Lebens mit weniger vorliebnehmen?

Wir wollen uns im anderen spiegeln, das ist die unausgesprochene Wahrheit der Paarung. Unser Gegenüber soll uns die Bestätigung unserer Ideale und unseres guten Geschmacks bieten, nicht eine Ergänzung oder gar Infragestellung, mit der man sich dann irgendwie arrangieren müsste. Kein Wunder, dass wir schrecklich nervös werden, wenn sich andeutet, dass der Mensch, den wir erwählt haben, nicht dem Bild entspricht, das wir uns von ihm gezimmert hatten. Wenn der Ehegatte enttäuscht, weil er nicht den hohen Ansprüchen gerecht wird, hat man selbst versagt. Das ist die Kehrseite der narzisstischen Umdeutung der Partnerschaft.

Die moderne Ehe ist viel mehr als eine Einrichtung, die

soziale und emotionale Sicherheit verspricht, sie ist ein Projekt zur Selbstvervollkommnung. In der Generation der Eltern waren die meisten schon froh, wenn der Partner einigermaßen treu war und sich nach der Hochzeit nicht allzu sehr gehen ließ. Heute soll er nicht nur ein Fels sein, auf den in allen Lebenslagen Verlass ist, sondern auch noch Seelenverwandter, Life-Coach und spiritueller Beistand. Meine unersetzliche Freundin Sahra schickte mir neulich eine Ausgabe des »Time Magazine« mit einer Titelgeschichte zur Frage, wie man verheiratet bleibt. Darin fand sich der »ultimative Traum« vom perfekten Ehegatten mit dem Satz beschrieben: »Ein Mensch, der sieht, wie du wirklich bist, und der das, was er sieht, nicht nur akzeptiert, sondern zu entwickeln hilft.« »Das Beste im jeweils anderen zum Vorschein zu bringen«, so nennt Lisa Grunwald, die mit ihrem Mann Stephen Adler das historische Kompendium »The Marriage Book« zusammengestellt hat, das eigentliche Eheversprechen, eine weitere Lesefrucht auf meinem Weg zum Verständnis des Ehe-Paradoxes.

Ich wäre schon froh, wenn man als Eheleute einigermaßen friedlich nebeneinander existieren könnte, muss ich sagen. Ich habe nie erwartet, dass meine Frau das Beste in mir zum Vorschein bringt. Aber mit dieser Auffassung bin ich hoffnungslos veraltet, wenn ich mir die Fachliteratur ansehe, ein Neandertaler des Ehelebens gewissermaßen. Es war so betrachtet absehbar, dass meine Ehe in die Brüche gehen würde.

Wer will schon mit einem Menschen zusammenleben, der, was das Verständnis von Beziehungen angeht, mit einem Teil des Stammhirns noch immer in der Steinzeit feststeckt?

Der Moment der Wahrheit

KAPITEL DREI, *in dem der Held eine Einladung zum Tennis ausspricht und sich wenig später weinend auf dem Beifahrersitz seines Autos wiederfindet*

Das Jahr vor unserer Trennung war wolkenlos. Wüsste ich es heute nicht besser, würde ich sagen: Es war ein perfektes Jahr.

Ich war 47 Jahre alt geworden und hatte ein Buch veröffentlicht, das sich aus dem Stand heraus zu einem Bestseller entwickelte. Wir hatten nach unserer Rückkehr aus Amerika eine Dachgeschosswohnung in Berlin-Charlottenburg gekauft, die nach Abschluss der Bauarbeiten genauso aussah, wie ich mir das vorgestellt hatte. Die Wohnung lag im fünften Stock eines prächtigen Altbaus aus dem Jahr 1902. Wenn ich aus der Haustür trat, musste ich nur zwei Minuten gehen und stand auf dem Ku'damm, jenem platanengesäumten Boulevard im Westteil der Stadt, von dem es immer schon geheißen hat, dass seine Tage gezählt seien, und in dessen Geschäften die Auslagen dennoch von Jahr zu Jahr reicher und üppiger wurden. In den Zeitungen redeten alle noch davon, wie angesagt Mitte und der Prenzlauer Berg seien. Aber die Leute, die sich auskannten, zogen damals bereits in den Westen und sicherten sich die Wohnungen, die man drei

Jahre später nur noch zu Preisen erwerben konnte, die man sonst nur aus München oder Hamburg kannte.

Von der Dachterrasse unseres Apartments konnte man den großen Fernsehturm im Osten und den kleinen im Westen sehen. Zwischen zwei Schornsteinen, die in der Mitte und am Rand der Terrasse aus dem Boden ragten, war eine Hängematte gespannt. Manchmal lag ich dort, wenn die Kinder im Bett waren, sah in den Himmel und ließ meine Gedanken treiben, bis sich ein Zustand einstellte, der in den Büchern, in denen einem gesagt wird, wie man zum inneren Frieden findet, wohl mit dem Wort Glück gemeint ist.

Auch die Welt um uns herum hatte sich beruhigt. Angela Merkel war zum zweiten Mal zur Bundeskanzlerin gewählt worden, dieses Mal mit deutlichem Abstand zu ihrem sozialdemokratischen Herausforderer. Die Finanzkrise, die uns gerade noch alle zu Tode erschreckt hatte, schien schon wieder so weit unter Kontrolle, dass man sich mehr mit dem Sommerurlaub als mit den Verheerungen in den Aktiendepots beschäftigte.

Meine Töchter zeigten die üblichen Auffälligkeiten, die sich bei Heranwachsenden mit der Pubertät einstellen, aber nichts, was einem als Elternpaar wirklich Anlass zur Sorge gegeben hätte. Als Ella wenige Wochen nach einen Jobwechsel feststellte, dass man sich nicht an die Versprechen gebunden fühlte, die man ihr bei der Einstellung gemacht hatte, ermunterte ich sie, dem neuen Arbeitgeber Adieu zu sagen.

»Wir können es uns problemlos leisten, wenn du eine Weile nicht arbeitest«, sagte ich. »Ich an deiner Stelle würde die Tage lieber auf dem Tennisplatz verbringen, bis ich etwas Besseres gefunden habe, anstatt mich mit irgendwelchen Idioten herumzuärgern, die meine Arbeit nicht zu schätzen wissen.«

Wie wenig ich doch von der weiblichen Psyche verstand. Als ob Nachmittage auf dem Tennisplatz für eine Frau wie Ella eine angemessene Beschäftigung hätten sein können! Dass ich ernsthaft annahm, sie könne mit einem Leben im Luxus des Nichtstuns zufrieden sein, und sei es auch nur übergangsweise, zeigte aus ihrer Sicht, wie gering ich in Wahrheit von ihr dachte. Die Tennisplatz-Vorschlag sollte noch mehrfach zur Sprache kommen (obwohl oder gerade weil sie ihn umgehend in die Tat umgesetzt hatte), und das nicht als Beleg für meine Fürsorglichkeit. Aber zu diesen Verwerfungen kam es erst später.

In jenem Sommer wirkte alles leicht und luftig, eine Welt, in der sich Probleme mit etwas gutem Willen umgehend lösen ließen und das Böse in respektvoller Entfernung blieb. Im Nachhinein erscheint mir meine Sorglosigkeit als Ausdruck einer geistigen Umnachtung, wie man sie von Menschen kennt, die wie Schlafwandler durch die Welt gehen, und denen man von außen zurufen möchte: Wach auf! Sieh dich um! Die Welt ist nicht so, wie du glaubst! In Gedanken bin ich später immer wieder die Monate durchgegangen auf der Suche nach dem Moment, an dem das Unglück unumkehrbar wurde. Wann hatte er angefangen, der Prozess der Zerrüttung, der unsere Ehe in einem nach Bohnerwachs und ranzig gewordenen Liebesgeschichten riechenden Gerichtssaal in Berlin-Moabit enden lassen sollte? Schon beim Einzug in die neue Wohnung, für die ich bei der Bank mit allem bürgte, was ich bis zum Erreichen des Rentenalters verdienen würde, weil zum Zeitpunkt des Erwerbs alles so stabil schien, dass ich das Risiko für vertretbar hielt? Oder erst später, als sich der Erfolg des Buches einstellte, an dem ich neben der Arbeit jede freie Minute geschrieben hatte? Oder gab es am Ende gar keinen solchen »Tipping Point«, an dem die Dinge unwiderruflich eine Wendung ins Verhängnisvolle nahmen? Als ich entdeckte, dass nichts mehr zu retten war, hätte ich jedenfalls alles dafür gegeben, noch einmal zurückkehren zu können in dieses Jahr, in dem es so aussah, als hätten wir es geschafft, eine Frau, ein Mann und zwei Kinder, die drauf und dran waren, ihren Platz in der Welt zu erobern.

Zu einer Trennung gehören zwei, aber einer spricht sie aus. Es soll vorkommen, dass sich Ehepaare darüber einig sind, dass es besser ist, das Zusammenleben zu beenden. Aber selbst in diesen Fällen bezweifele ich, dass es ohne Verletzungen ausgeht. Die Liebe ist ausschließlich, das Ende der Liebe auch. Trennung bedeutet Kränkung: Einer geht, der andere hat das Nachsehen. Damit ist eine Ungleichzeitigkeit eröffnet, die fortan das Miteinander bestimmt beziehungsweise das, was davon übrig ist.

Es braucht Mut, mit der Wahrheit herauszurücken. Eine Beziehung zu beenden ist schwierig genug – eine Ehe aufzukündigen ist im wahrsten Sinne des Wortes eine Mörderaufgabe. Wie sagt man dem Ehepartner, dass man genug hat? Wie sollte Ella es mir sagen? Es gibt für so etwas keine richtigen Worte. Wenn man sich bindet, sagt man Ja. Sagt man jetzt einfach Nein? Für die Trennung existiert kein Skript, keine allgemein akzeptierte Vorlage. Das Pendant zur Hochzeit ist der Crash, bei dem man das, was man sich gemeinsam aufgebaut hat, gegen den Baum lenkt. Was man tut, ist falsch. Man kann aber auch nicht weiter schweigen, weil man ja unbedingt das Ende will.

Ich erinnere mich gut an den Gesichtsausdruck meiner Frau, als sie mir ihre Entscheidung mitteilte. Ich dachte damals, sie hätte für mich nur noch Verachtung übrig, so kalt und abweisend wirkte sie in diesem Moment. Aber ich glaube, es war die Anstrengung, die Sache endlich hinter sich zu bringen. Manchmal kann die Selbstverpanzerung auch ein Schutz sein, den es braucht, damit man nicht zusammenbricht.

Der Moment der Wahrheit traf mich völlig unvorbereitet. Das sagt bereits viel über den Stand unserer Ehe. Meine Frau würde vermutlich sagen: Es sagt nahezu alles. Es war Mai, einer der ersten warmen Tage, eigentlich die richtige Zeit, um durch einen Park zu gehen und lang vermisste Gefühle neu zu entdecken.

Wir saßen in der Praxis eines Paartherapeuten, der uns empfohlen worden war, ein junger, aufstrebender Psychologe in einem der besseren Teile von Berlin-Tempelhof, wo sich Altbau an Altbau reiht. Er kam uns auf Socken entgegen, die in fröhlichen Ringelfarben gemustert waren. Bevor er sich uns zuwendete, goss er noch schnell seine Zimmerpflanzen. Ich hasste ihn gleich aus ganzem Herzen, den Typ noch mehr als die Pflanzen. Ella ging es genauso, wie sie mir später gestand. Immerhin, so weit reichte unsere Übereinkunft an diesem Tag noch.

Ich hatte mich ein paar Wochen zuvor um den Termin bemüht. Dass unsere Ehe nie ganz einfach gewesen ist, habe ich bereits gesagt. Solange sich die Phasen offener Kriegsführung mit friedlicheren Zeiten die Waage hielten, konnte man damit leben. Aber in letzter Zeit hatten sich die Gewichte verschoben. Die Streitigkeiten währten länger, und wenn sie endeten, blieb ein Groll zurück, der jederzeit wieder angefacht werden konnte, weil die Grollglut nie mehr ganz erlosch.

Außerdem hatten wir zum ersten Mal getrennte Schlafzimmer. Eines Abends hatte Ella verkündet, dass sie die Nacht auf einer Matratze in ihrem Arbeitszimmer verbringen werde. Ich hätte zu schnarchen begonnen, und sie brauche ihren Schlaf. Wer des Schnarchens verdächtigt wird, ist gut beraten, sich auf keine Diskussion einzulassen, auch wenn er Zweifel an der Stichhaltigkeit des Vorwurfes hegt. Wie will man beweisen, dass man die ganze Nacht in Wahrheit ruhig wie ein Baby schlummert? Indem man jemand Unabhängigen bittet, ein Schlafprotokoll zu führen? Oder indem man sich selbst auf Tonband aufnimmt, um die Behauptung zu widerlegen? Aber dann müsste man den anderen dazu bringen, mit einem anschließend das Beweismaterial abzuhören, damit er einsieht, dass nichts war. Das Nichtereignis ist schwer zu dokumentieren, das ist die Crux aller Präventionsarbeit.

Aus einer Nacht in getrennten Betten war eine Woche geworden. Dann ein Monat, schließlich ein halbes Jahr. Ich hatte den veränderten Schlafbedingungen zunächst keine Bedeutung beigemessen. Aber als der Zustand anhielt, war klar, dass etwas grundsätzlich im Argen lag.

Es heißt, dass Sex generell überschätzt wird. Aber kein Sex ist auch keine Lösung, wie ich nur sagen kann. Wenn ein Paar aufhört, miteinander zu schlafen, dann ist Gefahr im Verzug. Wenn Sie mir nicht glauben, fragen Sie jemanden, der sich mit diesen Dingen von Berufs wegen beschäftigt. Ich habe aus gegebenem Anlass ein paar Recherchen angestellt. Es ist schwer zu sagen, was normal ist. Bekanntlich wird bei keinem Thema so viel gelogen wie beim Fahrtweg zur Arbeit und beim Sex. Aber nach allem, was ich gelesen habe, scheint ein Mal die Woche ein guter Richtwert zu sein. Auch weniger ist kein Grund zur Sorge, sofern sich regelmäßig etwas tut.

Es gibt Paare, die sich auch noch nach zehn Jahren an die Wäsche gehen, als hätten sie sich erst gestern kennengelernt. Sie sind darauf meist wahnsinnig stolz, was dazu führt, dass sie Mühe haben, mit der guten Nachricht hinterm Berg zu halten. Ich habe schon Schwierigkeiten, mir Menschen, mit denen ich befreundet bin, beim Sex vorzustellen. Ich will auch nichts über die Sexualpraktiken wissen, die sie bevorzugen. Was sollte also die angemessene Reaktion auf das Bekenntnis zum Dauersex sein: »Gratulation, ich wünschte, wir könnten das Gleiche von uns sagen«?

Wenn man den Beziehungsexperten glauben darf, ist zu häufiger Sex in der Ehe ebenfalls ein Alarmzeichen. In einer länger währenden Ehe deuten weniger Intimkontakte darauf hin, dass sich beide Partner sicher fühlen und keiner befürchten muss, dass einer die Beziehung bald verlassen wird. Das habe ich in meiner Morgenzeitung über eine Fachtagung in München zu »Bindungen und Sexualität« gelesen. Die Hamburger Psychotherapeutin Kirsten von Sydow wird in dem Artikel mit dem Satz zitiert: »Dauerhafte Sicherheit und häufiger guter Sex schließen sich aus.« Wo die Partner hingegen ständig miteinander ins Bett wollen, kann das ein Hinweis darauf sein, dass Konflikte vorliegen und es nicht klar ist, wie lange die Beziehung noch hält. In der Regelmäßigkeit beim Sex liegt das Geheimnis einer stabilen Beziehung, nicht in der Frequenz. Wenn Ihnen also beim nächsten Mal ein befreundetes Paar erzählen will, wie irrsinnig scharf man nach wie vor aufeinander sei, denken Sie an Frau von Sydow: Mehr ist in diesem Fall nicht mehr. Wenn die zwei Pech haben, ist es sogar schon bald so gut wie nichts.

Mit Paartherapie kannten Ella und ich uns aus. Unsere erste Therapeutin war eine nette ältere Dame namens Viola, die ein Faible für Batikkleider und selbst gestrickte Wollschals besaß und ihre Praxis in einer überhitzten Wohnung gleich um die Ecke hatte. Es war Ellas Idee gewesen, Rat von außen einzuholen, da es wenig Sinn machte, sich die immer gleichen Vorwürfe an den Kopf zu werfen und die immer gleichen

Antworten zu hören. Ich muss sagen, dass ich die Stunden bei der Psychologin nach einer kurzen Phase der Eingewöhnung genossen habe. Ich fand es schmeichelhaft, dass sich jemand die Zeit nahm, herauszufinden, wie ich über meine Ehe dachte. Wann hat man schon die Gelegenheit, seine Sicht der Dinge zu äußern, ohne dass man laufend unterbrochen wird? Auch umgekehrt hatte die Sache ihren Reiz. Neben Ella zu sitzen und ihr dabei zuzuhören, wie sie die Dinge sah, war so, als ob man vom Nebentisch einem Gespräch lauschte, in dem man selbst einer der Hauptgesprächsstoffe ist. Andere Menschen lesen heimlich Tagebücher, um zu erfahren, was der Partner wirklich denkt. Ich musste mich nur zurücklehnen und der Sache ihren Lauf lassen, um im Bilde zu sein. Da es verboten war, sich einzumischen, wenn der andere redete, war jedem Streit von vornherein der Boden entzogen. Auch das war eine neue, aufregende Situation.

Ich weiß nicht mehr, wie lange wir uns jeweils donnerstags in Violas Praxis einfanden. Aber irgendwann lief sich die Sache tot. Reden unter Aufsicht ist toll. Ab einem bestimmten Punkt erwartete ich allerdings ein paar Ratschläge, wie es Ella und mir gelingen konnte, auch außerhalb des Therapiezimmers den Frieden zu wahren. Entweder war es nicht ihr Stil, ihren Klienten mit praktischen Hinweisen auszuhelfen, oder unsere Analytikerin wusste in unserem Fall auch nicht weiter. Außerdem bildete ich mir ein, dass sie mich schonte, nachdem ich ihr vorgeworfen hatte, zu sehr auf der Seite meiner Frau zu stehen. Das fand ich irritierend. Ich hätte erwartet, dass man als Psychotherapeut mit schlimmeren Vorwürfen konfrontiert wird als dem, parteiisch zu sein. Aber offenbar hatte ich an einen wunden Punkt gerührt. In einer der nächsten Sitzungen bat Viola uns, sich an jemanden anderen zu wenden. Ella und ich sahen uns an, als wir vor der Praxis standen, und mussten lachen. Es gibt nicht viele Paare, die von ihrem Therapeuten vor die Tür gesetzt werden. So etwas ist eine Erfahrung, die verbindet, womit ein wichtiges Ziel der Therapie erreicht war.

Wir gaben uns mit dem Erfolg zufrieden. Außerdem stand unser Umzug nach New York an. Die Suche nach einem neuen Therapeuten war das Letzte, was uns in dem Augenblick vordringlich zu sein schien. Im Rückblick wünschte ich, wir hätten eine andere Entscheidung getroffen. Wenn mir später Freunde von ihren Eheproblemen berichteten, war das Erste, was ich ihnen empfahl, professionelle Hilfe einzuholen. Mein zweiter Rat war, nicht zu schnell aufzustecken, wenn sich Besserung einstellt. Wie bei jeder Behandlung ist der Rückfall ein Risiko, das von den Patienten regelmäßig unterschätzt wird. Dass man nach dem Rückfall schlechter dastehen kann als vor Beginn der Behandlung, ist leider ebenfalls ein medizinisch wohldokumentiertes Faktum.

Männer sind feige. Das gilt erst recht in Beziehungen. Wenn Sie jetzt Einspruch erheben wollen, ersparen Sie sich die Diskussion: Ich habe alle Daten dazu gesichtet. Sie können dem von mir angelegten Archiv auch in diesem Punkt unbesehen vertrauen.

70 Prozent der Trennungen gehen von Frauen aus. Das sind die Zahlen. Männer sind Beziehungshocker. Wenn sie gehen, dann wartet bereits jemand anderes auf sie. Sie flüchten von einer Beziehung in die nächste. Gibt es keine Alternative, bleiben sie in der Regel, wo sie sind. Vielleicht können sie die Einsamkeit schlechter ertragen – vielleicht sind sie auch einfach zu bequem.

Man kann sich in einer Ehe einrichten wie in einem Unterstand. Wenn man lange genug darin lebt, kommen einem die Umstände normal vor. Die Soldaten im Stellungskrieg an der Westfront fanden ihr Leben auch irgendwann normal. Granatbeschuss, Durst, dauerhafter Schlafentzug, statt richtigem Tabak nur aufgeweichte Zigarettenreste: Nach einiger Zeit gibt es kein anderes Leben mehr, lediglich das, was man hat. Es ist alles eine Frage der Gewöhnung. Das kann tröstlich sein, aber auch furchtbar.

Frauen sind radikaler. Sie legen irgendwann den Schalter um. Eben noch haben sie den Kindern übers Haar gestrichen und ihrem Mann alles Gute für den Tag gewünscht, dann sind sie auf und davon. Beziehungsweise sie sagen ihm, dass er sich trollen soll. Frauen gehen innerlich. Im nachfolgenden Kampf um den gemeinsamen Besitzstand behaupten sie dafür eisern ihren Platz. Auch dabei können sie dann sehr radikal sein.

Es gibt viele Arten, eine Ehe zu ruinieren. Der sicherste Weg ist die langsame Ermüdung. Von außen betrachtet, geht alles seinen Gang. Aber wenn man genau hinsieht, entdeckt man die Spuren der Vernachlässigung. Man erkennt es in den Gesten, in denen Zuwendung nur noch als mechanischer Affekt erhalten ist; den feinen Falten um den Mund, die nicht das Alter, sondern die Enttäuschung gegraben hat; dem leichten Zucken der Verachtung, wenn er etwas erzählt, von dem sie genau weiß, dass es nur Angabe und Aufschneiderei ist.

Eine Kollegin von mir, die viel von Psychologie versteht, hat eine interessante Theorie zur Gefühlsökonomie in Beziehungen entwickelt. Nach ihrer Beobachtung führen Frauen eine Art negatives Rabattmarkenheft. Jedes Mal, wenn der Mann einen Fehler macht oder einer Erwartung nicht gerecht wird, machen sie darin einen Vermerk. Das geht so lange, bis das Heft voll ist. Dann wird es präsentiert.

Männer, so geht die Theorie der Kollegin weiter, handeln

anders. Wenn sie sich ärgern, dann platzt es aus ihnen heraus. Aber sie lauern nicht auf Fehler. Vielleicht hängt das damit zusammen, dass Männer nicht daran glauben, sie könnten die Frau, mit der sie zusammenleben, ändern. Sicher, auch Männer haben Wünsche an den Menschen an ihrer Seite. Wenn man sie danach fragt, sagen sie vielleicht, dass sie es schön fänden, wenn ihre Frau sich etwas vorteilhafter kleiden oder mehr Interesse für die Hobbys zeigen würde. Aber sie kämen nie auf die Idee, die Ehe selbst zu ihrem Hobby zu machen.

Frauen verstehen eine Partnerschaft als Aufgabe. Deshalb tun sie sich auch in erstaunlich großer Zahl mit Männern zusammen, bei denen von vornherein klar ist, dass sie eigentlich nicht ihren Vorstellungen entsprechen. Frauen sind nicht doof, sie sehen die Mängel. Tatsächlich sind sie, was männliche Schwächen angeht, sogar enorm hellsichtig. Aber sie denken, sie bekommen das über die Zeit schon hin. Wenn sie dem Kerl nur genug einheizen, schleift sich das ab, das ist die Hoffnung. So wird das Zusammenleben zur pädagogischen Übung. Kein Wunder, würde ich sagen, dass sich bei vielen Frauen über die Jahre ein Gefühl der Enttäuschung einstellt. Wenn ich bereits zehn Jahre mit jemandem zusammen wäre und dann feststellen müsste, dass all meine Bemühungen nichts ausgerichtet haben, würde mich das auch deprimieren.

Ich erinnere mich genau an die Worte, die das Ende unserer Ehe besiegelten. Manchmal reicht ein Satz, und alles zerfällt zu Staub, was einen bis eben verbunden hat, so wie in einem Märchen, wo die Sprache noch magische Kraft besitzt.

Wir hatten nebeneinander Platz genommen in der Praxis mit den Zimmerpflanzen und dem Mann in Ringelsocken. Da es unsere erste Sitzung war, galt es, eine Art Ersteinschätzung vorzunehmen, eine Anamnese der Ehesituation, um herauszufinden, wo wir standen und was zu erreichen im Rahmen des Möglichen lag. Korbstühle mit grünen Sitzkissen standen für uns bereit, wenn ich mich nicht täusche. Das Fenster war leicht geöffnet, so dass man hin und wieder Straßengeräusch hörte. Hinter dem Kopf des Therapeuten leuchtete ein in weißem Wechselrahmen eingefasster Farbdruck mit abstrakten Mustern, den man in deutschen Arztpraxen so verlässlich antrifft wie Kaufhausmusik im Fahrstuhl. Manche Details wird man nie mehr los, so sehr man sich später auch bemüht.

Wer in diesem Augenblick durch das Fenster einen Blick auf Ella und mich geworfen hätte, der hätte ein von den Anstrengungen des Zusammenlebens erschöpftes Paar gesehen, dessen Körperhaltung die unbestimmte Resignation zeigt, mit der man auch in den Abschluss einer Unfallversicherung oder die Umschuldung eines Hauskredits einwilligt. Nichts hätte darauf hingedeutet, dass sich in diesem Zimmer für einen der Anwesenden gleich die Welt auf den Kopf drehen würde, weil der neben ihm Sitzende beschlossen hatte, alle Verträge, die ihn an das alte Leben banden, einzuäschern.

»Vielleicht mögen Sie damit beginnen, mir zu sagen, warum Sie hier sind und was Ihre Erwartung an diese Therapiesitzung ist«, sagte der Socken-Mann mit sanfter Stimme und nickte mir aufmunternd zu.

Was sollte ich sagen? Ich berichtete von den Strapazen der letzten Monate, dem quälenden Streit, der immer zerstörerischer geworden war, den Phasen der Sprachlosigkeit, die sich wie Eisblöcke zwischen Ella und mich gelegt hatten. Ich versicherte, dass ich mir nichts mehr wünschte, als wieder mit meiner Frau zusammenzufinden. Und dass ich es bedauern würde, dass wir nicht schon früher um Hilfe nachgesucht hätten. Dieses Mal würde es nicht so einfach sein, die Entfremdung zu überwinden, das sei mir klar. Das Gespräch hier könne nur der Auftakt für eine lange Reihe von Gesprächen sein, aber ich sei fest entschlossen, diesen Weg zu gehen.

»Und Sie, was erwarten Sie sich?«

Ich schaute Ella an, die eine Armlänge von mir entfernt saß. Das war jetzt ihr Stichwort, um den Prozess der Wiederannäherung in Gang zu setzen. Ich blickte zurück zum Therapeuten, um meiner Frau die Gelegenheit zu geben, in Ruhe ihre Gedanken zu formulieren.

»Ich habe nur einen Wunsch, und der ist, dass wir uns trennen.«

Es heißt, dass das Hirn nach einem Unfall einen Augenblick braucht, um das Ausmaß der Verwundung zu realisieren. Der Pirat Klaus Störtebeker konnte angeblich noch an elf Kameraden vorbeilaufen, nachdem sie ihm den Kopf vom Rumpf getrennt hatten. Auch Hühner sollen diese Fähigkeit besitzen. Wenn man dem Tier den Kopf abschlägt, flattert es noch ein wenig herum, weil die Bewegungen aus den Ganglien im Rückenmark gesteuert werden.

Hatte meine Frau wirklich »Trennung« gesagt?

Und was bedeutete das überhaupt?

Ich sah hinüber zu dem Mann, in dessen Praxis ich mich begeben hatte, um Hilfe bei der Rettung meiner Ehe zu finden. Aber er schien nicht besonders bewegt von dem, was er gehört hatte. Alles, was ihm als Antwort über die Lippen kam, war die Frage, ob er Ella richtig verstanden habe – so wie ein Mediziner sich von seinem Patienten versichern lässt, dass jede weitere Hilfe unerwünscht sei, damit es später keine Scherereien mit der Berufshaftpflicht gibt. Ella bekundete mit ausdruckslosem Gesicht noch einmal ihren Willen, das Zusammenleben mit mir einzustellen. Dann erhoben wir uns, und der Therapeut glitt auf seinen Socken voran, um uns den Weg zur Tür zu weisen.

Wie macht man am besten Schluss? Vielleicht genau so: unter dem aufmerksamen Blick eines Psychologen, der dafür Sorge trägt, dass niemand im ersten Schock etwas Unüberlegtes tut. Vernünftig, muss man sagen, und, angesichts der Umstände, auch sehr umsichtig. Wenn es darauf ankam, praktisch zu denken, hatte sich Ella immer als ausgesprochen patent erwiesen. Aber wenn ich es mir hätte aussuchen dürfen, hätte ich mir einen melodramatischeren Abgang gewünscht. Warum hatte unsere Ehe nicht mit Pauken und Trompeten in einer letzten, großen Schreiszene in Flammen aufgehen können? Oder wenigstens im Beisein eines Psychiaters, wie man ihn von Woody Allen kennt? Einer dieser durch den langen Blick in den menschlichen Abgrund melancholisch gestimmten Sechzigjährigen mit Cordsakko und Kinnbart, die dem bedauernswerten Klienten beim Hinausgehen noch einen Satz mitzugeben wissen, dessen tiefe Wahrheit sich erst nach Wochen enthüllt?

So implodierte unsere Ehe nach 15 Jahren lautlos im Zimmer eines Mannes auf Strümpfen, der einen Hang zu hässlichen Zimmerpflanzen und zweifelhafter Wandkunst hatte. Kann man sich einen deprimierenderen Schluss vorstellen? Schwerlich. Womit ich, um Himmels willen, nichts gegen Männer auf Wollsocken gesagt haben will. Ich habe im Allgemeinen keine Vorbehalte gegen bequeme Kleidung am Arbeitsplatz. Ich finde nur, dass bei bestimmten Anlässen ein wenig Dekorum nichts schadet. Das schließt nach meinem Dafürhalten jede Form von Begräbnissen mit ein.

Anschließend fuhr mich meine Frau noch zur Arbeit, aber es war alles gesagt. Ich weinte im Auto und erklärte ihr meine Liebe. Sie machte mich darauf aufmerksam, dass wir im Halteverbot standen. Daraufhin stieg ich aus und ging ins Büro, wo ich für die nächste »Spiegel«-Ausgabe eine Geschichte über die Rettung des Euro schrieb. Es ist faszinierend, wie gut der Mensch auch unter Schock funktioniert. Ich fühlte keinen Schmerz, nur ein dumpfes Pochen in der Herzgegend. Alle schimpfen auf die Routine des Alltags. Manchmal ist sie ein Segen, muss man sagen. Sie hält einen von Kurzschlussreaktionen ab, wobei der Sprung aus dem Fenster in so einem Moment zu den besonders verlockenden Möglichkeiten gehört.

Wer eine Trennung hinter sich hat, entwickelt einen Blick für unglückliche Paare. Vor ein paar Monaten stand ich in Frankfurt in einem Restaurant namens Stainley Diamond neben der Frau eines mir seit Langem bekannten Unternehmers. Es wurde der runde Geburtstag eines berühmten Schriftstellers gefeiert, der seit vielen Jahren von dem mäzenatischen Wirken des großen Unternehmers profitiert. Die Frau berichtete von ihrer Arbeit mit psychisch auffälligen Kindern, während ihr Mann im Kreis seiner Bewunderer hofhielt. Die beiden gelten seit Jahren als Vorzeigepaar. Drei Kinder, eine Villa in einer der schönsten Gegenden Deutschlands, ausgestattet mit einer Kunstsammlung, die ihresgleichen sucht. Abendeinladungen dort werden wie Trophäen gehandelt. In einem Peoplemagazin war kurz zuvor eine Geschichte erschienen, in der man lesen konnte, wie das Leben als »Power-Couple« so läuft. Das Wichtigste sei, stand in dem Magazin, dass man sich jeden Morgen zärtlich in den Arm nehme und nie vergesse, welch unwahrscheinliches Glück man gehabt habe, dem anderen begegnet sein zu dürfen. Jetzt stand ich also neben der Frau, die so unwahrscheinlich glücklich in ihrer Ehe war, dass sie über vier Hochglanzseiten deren Vorzüge gepriesen hatte, und ich hätte schwören können, dass nichts von dem stimmte, was ich gelesen hatte. Sie war eine interessante, attraktive Frau, die sofort die Blicke auf sich zog. Aber sie strahlte ein solches Gefühl der Verlassenheit aus, dass es körperlich schmerzte.

Ein paar Wochen später las ich in der Zeitung, dass der Unternehmer eine Affäre mit einer bekannten Galeristin begonnen hatte. Man hatte sich über dem Erwerb eines Bildes kennengelernt, das danach kurzzeitig im Schlafzimmer des Ehepaares hing. Es hieß, er sei tief betrübt über das Scheitern seiner Ehe. Von seiner Gattin war nur zu erfahren, dass sie einen Anwalt suche.

Warum?

Die Frage ist unausweichlich. Ich kann nur jedem raten, am Anfang nicht zu lange über den Trennungsgrund zu grübeln. Das Letzte, was man in dieser Situation brauchen kann, sind Selbstvorwürfe. Wenn ich noch einmal vor den Scherben meiner Ehe stünde, würde ich jemanden engagieren, der mir den ganzen Tag zuruft, was für ein liebenswerter Mensch ich sei. In der Therapiestunde lernt man, auch die andere Seite zu sehen. Verständnis und Einfühlungsvermögen sind die Schlüssel zu einer erfüllten Partnerschaft, heißt es. Mag alles sein. In einer Trennung führt einen die Frage nach den Motiven des anderen bloß noch tiefer hinab.

Es gibt tausend Gründe, sich zu trennen. Die liegen gebliebene Wäsche. Differenzen über die Kindererziehung. Der falsche Urlaubsort. Kaum etwas habe sie so schrecklich gefunden wie die Aussicht, jedes Jahr in dasselbe Hotel am Wolfgangsee fahren zu müssen: So hat es Hannelore Kohl einem Bekannten von mir anvertraut, als ihre Ehe in Trümmern lag. Sie wäre so gerne irgendwo hingefahren, wo im Sommer verlässlich die Sonne schien, aber der Kanzler wollte immer nach Österreich. In einem anderen Leben wäre Hannelore Kohl auch offiziell gegangen. So reichte sie die Scheidung ein, indem sie sich in ihr Haus zurückzog, während ihr Mann den Großteil seines Lebens woanders zubrachte.

Bei anderen ist es der gemeinsame Urlaub, der sie endgültig auseinandertreibt. Ich fand das bemerkenswert, als ich davon hörte. Zwischen Ella und mir waren Urlaube meist Zeiten vergleichsweiser Eintracht. Allen Verpflichtungen und Aufgaben entbunden, die unbedingt erledigt werden mussten, lag mit einem Mal in weiter Ferne, was im Alltag schnell zu hässlichen Szenen führen konnte. Den Schreibtisch gegen die Strandliege getauscht – und wir waren wie Adam und Eva vor dem Auftritt der Schlange.

Von den unglücklichen Paaren trennt sich ein Drittel nach den Sommerferien, ein weiteres Drittel macht nach den Feiertagen im Dezember Schluss. Der Rest verteilt sich so übers Jahr, sagen die Erfahrungswerte der Therapeuten. Auch das hat seine Logik. Viele halten die erzwungene Nähe nicht mehr aus. Sie schaffen es noch durch den Alltag, aber wenn sie sich eine Woche lang jeden Abend im Restaurant gegenübersitzen müssen, ist es vorbei. Jeder kennt diese Zombiepaare, die sich auf eine so grässliche Weise anschweigen, dass man dazwischengehen möchte, um sie aus ihrem Elend zu erlösen. Unglücklich darf man im Urlaub auch nicht sein, das würde eventuell helfen. Dann wären wenigstens die Erwartungen geringer. Aber wie an Weihnachten ist man dazu verdammt, die Zeit zu zweit zu genießen, schließlich sind es ja die schönsten Tage des Jahres, die man zusammen verbringt.

Manche beschließen zu gehen, weil sie das Lachen des anderen nicht mehr ertragen. Oder die Art, wie er sich schnäuzt. Was hatte Ella so gegen mich aufgebracht? Brad Pitt wurde verlassen, weil er auf einem Flug die Kinder angebrüllt haben soll. Ist das Grund genug, eine Ehe aufzukündigen? Wenn man eine Mutter ist, die feste Vorstellungen zur Kindererziehung hat, vielleicht. Bei der Suche im Internet bin ich auf eine Umfrage der britischen Webseite »wotwentwrong« gestoßen. Zu den häufigsten Gründen, warum Frauen ihre Männer verlassen, zählten dort unterschiedliche Auffassungen über das Essen. »Unsere Ernährungsgewohnheiten unterscheiden sich zu sehr«, antworteten zwölf Prozent der Befragten auf die Frage, weshalb sie für ihre Beziehung keine Zukunft mehr sahen. Nur die Aussicht auf ein besseres Leben an der Seite von jemand Neuem wurde noch öfter genannt. Die männlichen Besucher der Seite nannten Unpünktlichkeit und den Ärger, dass sich ihre Frau optisch zu sehr gehen lasse, als Trennungsgründe. Das mag lachhaft klingen. Was sind Meinungsverschiedenheiten über die richtige Ernährung gegen das Versprechen, in guten wie in schlechten Zeiten zueinander zu stehen? Aber sobald das Band der Gemeinsamkeit gerissen ist, können einen anscheinend nebensächliche Dinge so enervieren, dass jeder Moment in der Gegenwart des anderen zur Qual wird.

Wenn man Experten konsultiert, was das größte Ärgernis für Menschen ist, die seit Langem zusammenleben, sagen sie: die ungleich verteilte Hausarbeit. Interessanterweise tendieren die meisten dazu, den eigenen Anteil bei der Bewältigung der Alltagsaufgaben zu überschätzen. In einem inzwischen klassisch gewordenen Experiment, auf das ich gestoßen bin, baten die Psychologen Michael Ross und Fiore Sicoly Ehepaare, ihren jeweiligen Beitrag beim Putzen und Aufräumen in Prozent anzugeben. Die Summe ergab fast immer einen Wert, der über 100 Prozent lag, was nicht auf ein mathematisches, sondern auf ein emphatisches Unvermögen verweist.

Ich kenne kein Paar, für das die Aufteilung der Hausarbeit kein Thema ist. Selbst der Einsatz von Nannys und guten Hausgeistern schafft das Problem nicht aus der Welt. Dann geht es darum, wer die Hilfskräfte beaufsichtigt. Ich hätte ja keine Vorstellungen, welche Mühe es koste, die Haushaltshilfen zu koordinieren, erklärte mir neulich eine Bekannte, die zur Bewältigung des Alltags auf Putzfrau, Kindermädchen und Köchin zurückgreifen kann. Ich dachte in meiner Naivität, dass eine solche personelle Ausstattung ein sorgenfreies Leben ermöglichen würde, aber da wurde ich schnell eines Besseren belehrt. »Immer bleibt alles an mir hängen« ist ein Satz, für den es in einer Beziehung stets einen Grund gibt.

Wenn man verliebt ist, schert es einen den feuchten Kehricht, wer den Abwasch macht. Als Ella und ich uns kennenlernten, war ich der Erste am Spülbecken. Ich hätte alles getan, um Ella zu zeigen, wie sehr mir ihr Wohlergehen am Herzen lag. Möglicherweise sind wir alle Opfer eines Naturgesetzes. Würde man die Zahl der gespülten Teller in ein Verhältnis zur Frequenz setzen, mit der ein Paar sich an den Händen hält, käme man auf einen Wert, den man den »Teller-Händchenhalten-Quotienten« nennen könnte: Je länger ein Paar zusammen ist, desto größer die Zeitspanne zwischen Intimitäten und dementsprechend geringer auch der Einsatz beim Aufräumen.

Natürlich ist der Streit um die Hausarbeit nur ein Symbol, das weiß jeder. In Wahrheit geht es um die Machtbalance in einer Beziehung. Wer die Wohnung aufräumt, hat Angst, bald auch derjenige zu sein, der bei der Wahl des Urlaubsorts zurücksteckt oder der Frage, wer zu Hause bleibt und die Kinder versorgt. Wehret den Anfängen – ist es nicht das, was uns von klein auf gelehrt wird? Einmal einen Teller zu viel gewaschen und schon sitzt man mit den Blagen vorm

Grießbrei, während der Ehegatte bei Geschäftsessen Trüffel-spaghetti in sich hineinschlürft. Das ist die Angst, die im Hintergrund steht. Also gilt es, die Front zu halten.

Der Umgang mit der schmutzigen Wäsche hat die Wissenschaft zu weiterreichender Forschung animiert, wie ich von der Materialsuche berichten kann. Jean-Claude Kaufmann von der Sorbonne hat über einen Zeitraum von zwei Jahren Paare zur häuslichen Organisation der Wäschepflege befragt, um in die »Tiefenstruktur des ehelichen Gewebes« einzudringen, wie er sagt. Aus Sicht des Soziologen ist Wäsche ein ideales Analyse-Instrument, da sie persönlich ist und dennoch objektivierbar. Die erste Herausforderung, vor der jedes Paar steht, ist, eine gemeinsame Definition von Schmutz zu entwickeln. Niemand würde von sich selbst sagen, dass er nicht sauber sei. Mit sich selbst im Reinen zu sein, wie es so schön heißt, ist nahezu gleichbedeutend mit persönlicher Reinlichkeit. Doch was als sauber respektive schmutzig zu gelten hat, darüber gehen die Meinungen auseinander. Auch die Auffassung, inwieweit Ordnung und Sauberkeit einander bedingen, variiert stark. Kann man sauber, aber wahnsinnig unordentlich sein, wie einer der von Professor Kaufmann befragten Ehemänner über sich selbst sagt? Oder ist Ordnung ein wesentlicher Bestandteil von Sauberkeit, wie die zugehörige Ehefrau glaubt, weshalb das Paar nahezu täglich mit dieser Unverträglichkeit zu kämpfen hat.

Tatsächlich eröffnet sich ein faszinierender Kosmos, wenn man die Sauberkeitsgewohnheiten von Paaren näher untersucht. Die Praxis, Socken und Unterwäsche in einen Schrank zu legen, ist allgemein akzeptiert. Aber wenn es um das Ordnungsprinzip geht, zeigen sich erhebliche Unterschiede. Einige legen die Unterwäsche von Mann und Frau zusammen; andere bestehen auf getrennten Schubladen, so wie sie auch getrennte Betten bevorzugen. Die Strümpfe werden mal gebügelt, mal nicht, mal liegen sie lose, mal zum Paar ineinandergesteckt. (Habe ich schon erwähnt, dass ich ein Experte im Wäschefalten bin? Ella musste, dafür bürge ich mit meinem Namen, nie eine herrenlose Socke unter dem Sofa oder ein zerknülltes Hemd aus dem Wäscheschrank hervorziehen. Man darf sich schließlich in einem Roman alle Freiheiten herausnehmen, selbst wenn es um ein Thema wie die häusliche Aufräumsituation geht. Das gehört gelegentlich ausgenutzt.)

Eine ähnliche Varianz der Reinlichkeitspraktiken findet sich, das sei vollständigkeitshalber erwähnt, im Badezimmer. Während in manchen Haushalten Paare dasselbe Handtuch benutzen, findet man solchen »Wäschekommunismus« woanders so indiskutabel, dass die Wäsche eines jeden Familienmitglieds nicht nur separat lagert, sondern auch noch farblich unterschieden wird. Beim Waschen wiederum taucht das Problem der Flecken und ihrer Beziehung zur Definition von Schmutz auf, um in der Sprache der Soziologie zu bleiben. Konstituiert ein Fleck auf einem Geschirrtuch bereits ein solches Ausmaß an Verdreckung, dass es in die Wäsche gehört? Oder kann es zurück auf den Haken, bis es wirklich dreckig ist? Und was heißt eigentlich »wirklich dreckig«?

Weil sich Reinlichkeitsnormen in der Kindheit herausbilden, bringt jeder in die Ehe einen Bestand lang eingeübter Ansprüche und Gewohnheiten mit. Im Idealfall gelingt es, die unterschiedlichen Vorstellungen zu harmonisieren, ein Prozess, »der kompliziert ist und ein Maß an Energie erfordert, dessen sich die beteiligten Akteure oft nicht bewusst sind«, wie Kaufmann schreibt. Das Gleichgewicht bleibt dennoch prekär, da vieles, was die Eheleute an Normen verinnerlicht haben, einfach nebeneinander existiert. Wenn sich Unfrieden einstellt, ist die Waschküche der Ort, an dem die Sache zuerst ins Rutschen gerät. Dass es bei Ella und mir die Küche war, in der die Dinge eskalierten, sollte uns nicht an den Ergebnissen der Wäscheforschung zweifeln lassen.

Angeblich vergehen zwischen dem Entschluss, sich zu trennen, und dem Moment der Wahrheit im Schnitt drei Jahre. Das wusste Sahra bei einem der Gespräche zu berichten, in denen ich darüber sinnierte, warum mich Ella verlassen hatte. Ausgenommen seien bei dieser Rechnung diejenigen, die sich Hals über Kopf verliebt hatten und dies als willkommenen Anlass nahmen, unvermittelt den Familienstand zu wechseln, fügte sie hinzu. Die anderen quälten sich dahin, mal länger, mal kürzer.

Drei Jahre sind viel Zeit, in der auch viel passieren kann. Meist geschieht leider nichts Gutes. Wer so lange mit einem Vorsatz schwanger geht, sieht irgendwann nur noch, was ihn in der Auffassung bestätigt, dass der Schritt, den er plant, unausweichlich ist. Es braucht einiges an Selbstüberzeugung, damit die Idee zur Gewissheit reift, sonst schafft man es nicht. Würde man dem Partner in schwierigen Situationen zugutehalten, dass er es nicht bös gemeint hat, geriete man vielleicht wieder ins Schwanken, und der ganze Prozess würde von vorne beginnen.

Vermutlich wäre allen damit geholfen, wenn die Dinge früher auf den Tisch kämen. Fragt man Frauen, warum sie den Moment, an dem sie die Trennung verkünden, so lange hinausgezögert haben, antworten sie, dass sie doch die ganze Zeit deutlich gemacht hätten, wie unzufrieden sie gewesen seien. Männer bleiben auch im Unglück stumm. Statt offen darüber zu sprechen, was sie in einer Beziehung vermissen, suchen sie lieber nach einer Alternative. Bis diese gefunden ist, leiden sie still. Die Statistik sagt nicht, ob es einen Geschlechtsunterschied gibt, was die Dreijahresfrist angeht. Meine Vermutung wäre, dass noch mehr Zeit verginge, wenn nur der männliche Teil der Bevölkerung Berücksichtigung fände. Was die Fähigkeit angeht, Dinge auszusitzen, können Frauen nicht mithalten.

Sahra liest mir aus einem der Klatschblätter vor, die in ihrem Stammcafé ausliegen, und ich schwöre mir, nie mehr zu spät zu kommen, damit sie mich damit künftig verschont. Wenn es passiert ist, sagen die meisten Ehemänner, die Mitteilung, dass ihr Ehepartner ein neues Leben wolle, habe sie wie ein Blitz getroffen. »Arme Idioten«, sagt Sahra, und ich denke, wer drei Jahre neben einer Frau lebt, die mit dem Trennungsentschluss kämpft, und anschließend erklärt, er sei aus allen Wolken gefallen, ist entweder ein Depp oder ein selbstsüchtiger Ignorant. Sehr viele andere Möglichkeiten sehe ich nicht. So kommt zu dem Schmerz über die Trennung auch noch der Vorwurf eingeschränkter Empfindungsfähigkeit.

Wie konntest du nur so taub sein? Hättest du genauer hingehört, wäre dir dein Schicksal erspart geblieben! Was bist du doch für ein Tropf!

Dummerweise war es bei mir kein bisschen anders. Wie die meisten Männer wachte ich erst auf, als es zu spät war. Vermutlich ist es mir deshalb auch immer so wichtig gewesen, jedem, der mich darauf ansprach, zu sagen, dass Ella sich neu verliebt habe, bevor sie mich verließ. Juristisch mag Untreue keine Rolle mehr spielen. Moralisch ist die Frage damit noch lange nicht erledigt. Egal, was einem die Anwälte sagen: Für die meisten Menschen macht es einen gewaltigen Unterschied, ob jemand die Ehe aufkündigt, weil er sich keinen anderen Rat mehr weiß oder weil die Zukunft an der Seite von jemand lockt, der ihm attraktiver erscheint. Das war die Planke, an der ich mich festhielt.

Man kann die Frage nach dem »warum« auch umdrehen: Warum nicht früher? Warum hatte Ella überhaupt so lange gebraucht, bis sie sich zur Trennung durchrang?

Der Roman erlaubt den Perspektivwechsel, das ist einer seiner Vorzüge. Müsste ich Ellas Position einnehmen, würde ich jetzt sagen: Derjenige, der gehen will, hat mit den gleichen Ängsten zu kämpfen wie der Mensch, der von ihm verlassen wird. Er durchlebt die Angst nur früher.

Hinzu kommt die Furcht vor der Reaktion des Verlassenen, würde die Ella in mir sagen. Wessen Herz noch nicht völlig erkaltet ist, der hat eine Vorstellung davon, welchen Schmerz er dem anderen zufügt.

Was wird der Partner sagen, wenn er erfährt, dass es aus ist? Wird er schreien und toben, oder wird er ganz still werden und in sich zusammenfallen? Und was soll man dann tun? Ihn trösten? Aber was wären Sätze, die in einer solchen Situation angemessen sind und nicht so verstanden werden können, als sei alles doch nicht so gemeint? Man kann stundenlang wach liegen und die Situation im Kopf durchspielen. Die Hälfte derjenigen, die gehen, sagt, die Zeit vor der Trennung habe sie am meisten Kraft gekostet. Wenn es geschafft ist, überwiegt bei der Mehrheit die Erleichterung, die Sache hinter sich gebracht zu haben.

Vor dem Gesetz spielt es keine Rolle, wer wen verlässt. Lange bevor Ella und ich uns das Ja-Wort gaben, wurde die Schuldfrage aus dem Scheidungsrecht entfernt. Niemand soll mehr seine Gründe vor Gericht offenlegen müssen, so will es der Gesetzgeber. Doch das Gewissen ist ein trägeres Organ als das Recht. Es lässt sich nicht so schnell beruhigen. Unser Freund Christoph – der Mann, der sich nach der Trennung von seiner Frau im Hotelzimmer wiederfand, Sie erinnern sich vielleicht – konnte mir das eindrucksvoll bestätigen. Christoph, 42, Architekturprofessor, Besitzer eines Mercedes SL 280 Pagode und eines Rauhaardackels namens Lupe, war 14 Jahre mit Johanna verheiratet, als er eine Cellistin kennenlernte, die in ihm Saiten zum Klingen brachte, von denen er bis dahin nicht einmal wusste, dass sie existierten (seine Worte, nicht meine). Er könne sich so oft vorsagen, wie er wolle, dass ihm die Situation zu Hause keine Wahl gelassen habe, als einen Schlussstrich zu ziehen: Das ändere nichts an seinen Schuldgefühlen, erklärte er mir über einem Glas Wein. Wann immer ihn jemand nach seiner Familie frage, seien sie wieder da, wie Plagegeister, die sich auf dem Dachboden versteckt hielten, wo sie den Anbruch der Nacht abwarteten.

»Für denjenigen, der verlässt, gibt es nicht einmal einen Begriff«, sagte Christoph. »Wer verlassen wird, ist der Verlassene. Aber wie heißt der, der geht? Der Verlasser?«

Es gibt Listen, wie ich bei dieser Gelegenheit erfuhr, in denen man abhaken kann, ob es Sinn hat, der Beziehung noch eine Chance zu geben. »Schon lange hungern Sie nach wahrer Nähe«, »Gespräche finden nur noch oberflächlich statt«, »Das meiste, was Ihr Partner sagt, halten Sie für belanglos und uninteressant«. Dreimal ja, und die Chancen für die Beziehung sehen eher mau aus.

Unser Freund berichtete, er habe sich sämtliche Literatur zum Thema gekauft, um herauszufinden, wie man das Unvermeidliche zur Sprache bringe. Wer hätte das gedacht: Es gibt sogar Ratgeber, wie man sich richtig trennt. Man sollte sie als Ratsuchender allerdings nicht zu offen herumliegen lassen, das ist der erste Rat, den man dort erhält. Am besten wählt man aus dem Bücherregal einen neutralen Schutzumschlag, in dem man den verdächtigen Einband versteckt. So beginnt der erste Schritt in das neue Leben bereits mit einem Betrug. Aber das ist ja der Sinn der Sache: Wer sich mit dem Gedanken an Trennung anfreundet, begibt sich auf die Reise zu einem Kontinent, in dem das Wir durch das Ich ersetzt ist.

In einem Buch mit »Tipps für eine stilvolle und sensible Trennung« las Christoph, er solle seine Gedanken in einem Brief niederlegen und den Brief dann von seiner Frau lesen lassen, während er danebenstehe. Die Autorin von »Ich verlasse Dich« rät dazu, das »Schlusswort« über einen kleinen Umweg anzusteuern. Warum nicht einen klassischen Scheidungsfilm wie »Kramer gegen Kramer« oder »Der Rosenkrieg« ausleihen, empfiehlt sie, oder scheinbar zufällig in einem Zeitungsartikel blättern, in dem es um Scheidung gehe? Ein oder zwei Zitate aus der Lektüre, und schon sei das Beziehungsgespräch ohne viel Anstrengung angestoßen!

Ganze Wochen verbrachte Christoph mit der Lektüre der Trennungsratgeber. Er füllte brav die Listen der »Pros« und »Cons« aus und spielte die vorgeschlagenen Strategien durch. Dann stolperte Johanna über einen Posten auf der Kreditkartenabrechnung, den er auch nach mehreren Anläufen nicht erklären konnte. Damit hatte sich die Sache erledigt, ganz ohne Brief und Scheidungsfilm.

Ich weiß nicht, ob mich der »Rosenkrieg« zur Einstimmung versöhnlicher gestimmt hätte. Ich glaube, ich hätte in jedem Fall so reagiert, wie ich reagiert habe, nämlich erst mit Fassungslosigkeit und dann mit Panik und Wut. Ich kann nur hoffen, dass sich Ella so schlecht gefühlt hat, wie es in der Scheidungsliteratur beschrieben ist. Der einzige Trost, der einem bleibt, wenn man verlassen wird, ist die Hoffnung, dass man im Schmerz verbunden bleibt, weil die gemeinsame Welt verloren geht.

Ella und ich haben uns nach 15 Jahren Ehe getrennt. Die meisten Leute denken, das siebte Jahr sei das schwierigste. Ich vermute, das hängt damit zusammen, dass der Regisseur Billy Wilder einen Film über einen Ehemann auf Abwegen gedreht hat, der im Original »The Seven Year Itch« hieß. Die wörtliche Übersetzung wäre »Das Sieben-Jahres-Jucken« gewesen. Weil das in Deutschland niemand verstanden hätte, wurde daraus »Das verflixte 7. Jahr«. Der Titel ist sprichwörtlich geworden, auch wenn viele heute nicht mehr wissen, wer Billy Wilder war.

Tatsächlich lassen sich die Leute, statistisch gesehen, am häufigsten nach 14 Jahren und acht Monaten scheiden. Wer es darüber hinaus schafft, dessen Chancen, gegen alle Wahrscheinlichkeit die goldene Hochzeit zu erreichen, steigen mit jedem Tag. Dass der gefährlichste Moment für eine Ehe zu einem Zeitpunkt kommt, an dem manche Menschen bereits zwei Firmenpleiten hingelegt haben, mag auf den ersten Blick überraschen. Wer fast 15 Jahre durchgehalten hat, sollte auch den Rest der Strecke schaffen, könnte man meinen. Aber wenn man länger darüber nachdenkt, dann erscheint der späte Trennungshöhepunkt durchaus sinnvoll. Beide Ehepartner sind in der Regel Mitte vierzig, also nicht zu alt, um noch einmal von Neuem zu beginnen, aber auch nicht mehr so jung, dass sie nicht abgeklärt genug wären für einen solchen Schritt. Wenn es Kinder gibt, sind sie jetzt in einem Alter, bei dem man annehmen darf, dass sie über das Leid hinwegkommen werden. Für ein achtjähriges Kind bricht mit der Trennung der Eltern alles zusammen, woran es sich festgehalten hat. Für einen 15-Jährigen ist die

Scheidung ein weiterer Schicksalsschlag in seinem pubertär ohnehin verdüsterten Leben. Wenn es also noch einen Zeitpunkt gibt, aus dem alten Leben auszusteigen, dann jetzt. Meine Frau hat genau das gesagt: Jetzt könne sie noch gehen, später nicht mehr.

Warum hat mich Ella verlassen? Ich habe eine lange und eine kurze Theorie. Die lange wäre, dass sie die Enttäuschungen und Entbehrungen in der Ehe so ausgezehrt hatten, dass ihr keine Kraft mehr blieb, länger durchzuhalten. Ich hätte es geschafft, das Leben eines Singles in einer Familie zu führen, hat sie einmal zu mir gesagt. Es war eher eine Feststellung als ein Vorwurf. Was sie damit meinte, war, dass ich Familie mehr als Konzept, denn als praktisches Experiment zu schätzen gewusst hätte, weshalb ich, so wie sie es sah, auch stundenlang über die Notwendigkeit familienpolitischer Reformen reden konnte, ohne nur einmal auf die Idee zu kommen, ihr bei der Beaufsichtigung der Hausaufgaben unter die Arme zu greifen. (Meine Erklärung wäre gewesen, dass sich bei mir alle Kenntnisse naturwissenschaftlicher Fächer mit Erreichen des Abiturs verflüchtigt hatten. Einige Lehrer würden sagen sogar: schon vor dem Wechsel aufs Gymnasium.)

Wenn ich später darüber nachdachte, wann die Zweifel eingesetzt haben mögen, die zum Bruch führten, kam mir immer wieder der Abend in den Sinn, an dem wir das Erscheinen meines ersten Buches gefeiert hatten. Der Verlag hatte zur Premierenparty in ein Berliner Restaurant geladen. Viele Kollegen und Freunde waren gekommen, auch Leute aus dem Politikbetrieb. Es herrschte eine ausgelassene, fröhliche Stimmung. Beim Aufräumen bin ich neulich auf einen kurzen Film gestoßen, den meine Töchter mit dem Handy aufgenommen hatten. Man sieht in einer kurzen Sequenz Ella. Sie wirkt glücklich und gelöst. Wer den Film anschaut, muss den Eindruck gewinnen, als ob sie den Trubel genießen würde. Aber ich glaube, in den Wochen danach hat sie angefangen, eine Art Beziehungsbilanz zu ziehen. Noch zwei, drei Jahre, dann würde die älteste Tochter aus dem Haus sein. Es war der Moment im Leben gekommen, wo man sich fragt: Wer bin ich? Was habe ich geschafft? Was soll noch kommen? Männer bewältigen das, indem sie sich eine Geliebte nehmen oder einen Sportwagen kaufen. Meine Frau beschloss, ihr Leben umzukrempeln.

Das wäre meine kurze Erklärung für ihre Entscheidung, mich zu verlassen.

Wann, wenn nicht jetzt? Gegen dieses Argument konnte ich nicht wirklich etwas ins Feld führen. Es war, wie ich zugeben musste, ein ziemlich gutes Argument.

Im Tunnel

KAPITEL VIER, in dem der Erzähler eine Panikattacke erleidet und in der Folge die Vorzüge der modernen Pharmakologie zu schätzen lernt

Es gibt viele Arten, mit einer Trennung zurande zu kommen. Manche stürzen sich von einem Abenteuer ins nächste, andere vergraben sich unter der Bettdecke und kommen für Wochen nicht mehr darunter hervor. Ich habe geheult und geraucht. Beziehungsweise geraucht und geheult. Wenn ich mit einer Zigarette fertig war, griff ich zum Taschentuch, um mir, nachdem es durchnässt war, die nächste anzustecken. Eine Trennung ist die perfekte Entschuldigung, zu alten Lastern zurückzukehren. Ich kenne keine Statistik über rückfällig gewordene Raucher, aber ich bin ziemlich sicher, dass die Androhung einer Scheidung bei den Gründen, warum Menschen nach Jahren der Enthaltsamkeit wieder anfangen, ganz oben rangiert. Egal, was die Leute sagen: Rauchen ist etwas Wunderbares, deshalb tun es ja auch so viele. Wenn es nicht so schrecklich ungesund wäre, hätte ich nie damit aufgehört.

Weinen hat gegenüber dem Rauchen den Vorteil, dass es einen wenigstens nicht umbringt. Die Wissenschaft behauptet außerdem, dass Tränen gesund seien. Angeblich setzt der

Tränenfluss ein Hormon frei, das auf den Organismus beruhigend wirkt. Ich persönlich glaube, dass Weinen überschätzt wird. Frauen haben ein Herz für Männer, die zu ihren Gefühlen stehen, heißt es. Die Theorie besagt, dass Männer, denen als Kind beigebracht wurde, dass Tränen unmännlich seien, später im Leben Schwierigkeiten haben, mit Schmerz und Trauer umzugehen. Ich fand es trotzdem peinlich, bei den unpassendsten Gelegenheiten dagegen ankämpfen zu müssen, laut loszuschluchzen.

Ich stand an der Ladenkasse bei Kaisers, und mir trat das Wasser in die Augen. Ich saß in einer Konferenz in Hamburg, und ich merkte, wie mir die Augen anschwollen. Einmal brach ich sogar im Gespräch mit meiner Ressortleiterin in Tränen aus, weil ich daran denken musste, was ich mit meiner Ehe verloren hatte. Wie wenig es Frauen gebracht hat, dass sie näher am Wasser gebaut haben als Männer, kann man in jeder Einkommensstatistik sehen, um ein weiteres Argument gegen die Idealisierung des Weinens ins Feld zu führen. Für das Fortkommen im Leben bedeutet der Hang zur Rührseligkeit jedenfalls keinen evolutionären Vorteil, das scheint mir offenkundig zu sein.

Eine Bekannte hat nach ihrer Trennung acht Kilo abgenommen. Ich habe es ihr in diesem Augenblick nicht zu sagen gewagt: Aber viele Frauen würden dafür töten, in drei Monaten acht Kilo Gewicht zu verlieren. Eine »Scheidungs-Diät« ist vermutlich etwas schwerer zu vermarkten. Der Erfolg wäre allerdings so spektakulär, dass sogar die »Brigitte« blass würde.

Für mich waren die ersten Monate nach der Trennung ein Höllenritt, anders lässt es sich nicht sagen. Wenn ich dachte, ich sei im Keller angekommen, setzte sich der Fahrstuhl schon wieder in Bewegung, um mich noch weiter in die Tiefe zu führen. Es ist erstaunlich, wie viele Untergeschosse die Seele hat. Leider wird es von Etage zu Etage düsterer, wie ich jetzt weiß. Wenn man ganz unten aufschlägt, ist man kaum noch in der Lage, einen Fuß vor den anderen zu setzen.

Die Therapiewelt lebt von dem Versprechen, Menschen dazu zu verhelfen, sich selbst kennenzulernen. Die Scheidung ist der schnellste Weg zu sich selbst, ganz ohne Therapeuten. Man sieht auf den Grund seiner Seele – es sei denn, man betäubt sich so gewissenhaft, dass man nichts mehr spürt. Aber welche Drogen hätte ich nehmen sollen? Alle Substanzen, die ich kenne, bringen allenfalls partielle Linderung. Was dauerhaft wirkt, hat solche toxischen Wirkungen, dass man gleich die Letzte Ölung mitbestellen kann.

Ich verbrachte Tage vor dem Fernseher. Ich schaufelte Serien in mich rein wie andere Leute Kartoffelchips. Fünf Staffeln lang folgte ich dem Leben einer Bestattungsunternehmerfamilie aus Los Angeles, die sich nach dem Unfalltod des Familienoberhaupts neu sortieren musste. Danach begleitete ich über 93 Folgen den Feuerwehrmann Tommy Gavin aus New York, der erst das Trauma von 9/11 und dann die Trennung von seiner Frau zu verarbeiten hatte und der dabei von einer komplizierten Beziehung in die nächste torkelte. Ich zog einen perversen Trost aus der Tatsache, dass die Frau, die in der Serie Janet hieß, rasend vor Eifersucht war, obwohl sie ihrem Mann den Laufpass gegeben hatte und nicht er ihr. Natürlich war Tommy ein ziemlich verkorkster Typ. Alkohol, Neigung zu Gewaltausbrüchen, schwere psychische Probleme bis hin zu Halluzinationen, alles dabei. Am Ende der zweiten Staffel erschienen ihm Jesus Christus und Maria Magdalena gemeinsam, um ihm ins Gewissen zu reden. In Episode 25 gelang es Tommy, Janet zur Rückkehr zu bewegen, aber das endete, wie nicht anders zu erwarten, im Desaster. Ich verstand das als Warnung, dass man nichts zusammenzwingen soll, was einmal zerbrochen ist. Anderseits: War ich der Typ Mensch, der seine Weisheiten aus Fernsehserien bezog? Mit Sicherheit nicht!

Ich begann mich mit den Augen eines Arztes zu sehen. Ich machte mir Notizen über die wahrgenommenen Veränderungen. Das Materialbuch füllte sich in beängstigender Geschwindigkeit. In meinen Unterlagen firmierte ich jetzt als »Patient A«. Ich dachte daran, eine Titelgeschichte für den »Spiegel« über Depressionen zu schreiben. Ein Thema von großer gesellschaftlicher Relevanz, ideal für die Sommermonate, in denen politisch wenig los war. Nur: Ich sagte keinem in der Redaktion ein Wort. Das hätte mir Warnung genug sein können, dass mit mir etwas ernsthaft nicht stimmte.

»Depressionen sind ein Webfehler der Liebe«, schrieb ich. »Es gibt keine Liebe ohne das Bewusstsein, alles wieder verlieren zu können. Um wirklich zu lieben, müssen wir bereit sein, an der Liebe zu verzweifeln. Das eine bedingt das andere, wie der amerikanische Autor Andrew Solomon in seinem Buch über die Depression sagt. Depressionen sind die existenziellste Ausdrucksform der Verzweiflung. Wer diese Trauer von vornherein vermeiden will, sollte sein Herz nicht an einen anderen Menschen hängen.«

Und weiter:

»Alle Menschen sind unglücklich in zeitlichen Abständen, die einen länger, die anderen kürzer. Eine Depression ist mehr als bloßes Unglücklichsein, sie bedeutet eine Lebensverdüsterung und -verschattung, die keinen guten Gedanken mehr zulässt. Am Ende lebt der Mensch, der von ihr befallen ist, ganz im Bann der Niedergeschlagenheit. Er geht mit ihr schlafen und wacht mit ihr auf.«

Und: »Über die Depression lässt sich, wie über andere Erscheinungsformen des Schmerzes, nur metaphorisch sprechen. Wer eine robuste Natur hat, kann von ihr keine Vorstellung entwickeln, was die Einsamkeit desjenigen, der seinen Kummer nicht mehr unter Kontrolle bekommt, nur verstärkt. Wenn der von Depressionen Befallene sich Freunden anvertraut, findet er Anteilnahme, aber kein Verständnis. Das Ausmaß seiner Verzweiflung muss anderen schon deshalb fremd bleiben, weil sich das Gefühl der Hoffnungslosigkeit längst von dem Ereignis, das dieses hervorrief, gelöst hat. Die Verzweiflung führt jetzt ein Eigenleben, unabhängig von den Vorkommnissen und Aufregungen des Alltags, eine parasitäre Lebensform, die ihrem Träger gerade noch so viel Kraft lässt, dass er nicht die Segel streicht. Manchmal passiert genau das, dann erlischt das Leben ganz. Schwere Depression ist naturgemäß der häufigste Grund für Suizid.«

»Das ist nicht so schlecht«, sagte Sahra, als wir uns das nächste Mal sahen. »Wahrscheinlich das Klügste, was ich in den letzten Wochen von dir gelesen habe. Ich will dich als deine Freundin nur darauf aufmerksam machen, dass es ein gewisses Reputationsrisiko birgt, wenn man über Depressionen schreibt und der Leser den Eindruck gewinnt, der Autor schreibe in Wahrheit über sich selbst.« Ich antwortete, dass sie endlich damit aufhören müsse, jeden Text identifikatorisch zu lesen. Ich wüsste Arbeit und Privatleben sehr wohl zu trennen. Sie nickte und wandte sich wieder dem Wolfsbarsch zu, den der Kellner gerade vor ihren kritischen Augen fachgerecht zerlegte.

Etwa 40 Prozent der Menschen reagieren nach einer Trennung mit einer psychischen Störung, Männer eher als Frauen,

Gebildete eher als Ungebildete. Depressionen sind auch eine Intelligenzfrage. Je höher der Bildungsabschluss, desto ausgeprägter ist statistisch gesehen die Veranlagung dazu. Die Psychologie spricht im Zusammenhang mit einer Scheidung von Anpassungsstörung. »Es handelt sich dabei um eine unmittelbare Reaktion auf einen belastenden Vorfall«, steht dazu in den einschlägigen Publikationen. Anpassungsstörung ist ein eigentümliches Wort. Es klingt so, als ob man von jemandem, der verlassen wird, erwarten darf, dass er die neue Lage akzeptiert, ohne größere Auffälligkeiten zu zeigen. Worin genau soll die Störung bestehen? In der Unfähigkeit, sich so zu benehmen, als sei nicht gerade der Himmel über einem eingestürzt?

Zu den in der Fachliteratur beschriebenen Begleiterscheinungen zählen: Müdigkeit, Antriebsarmut, Appetitlosigkeit, Verlust des sexuellen Interesses, Verlust der Konzentrationsfähigkeit, verlangsamtes Denken, Gefühl der Wertlosigkeit, Entscheidungsschwäche, Schlafprobleme, gesteigerte Sorge, Angst. Wenn Sie mich fragen, dann gibt es für jedes der genannten Symptome mehr als genug Grund, sobald die Verbindung scheitert, auf die man sein Leben gebaut hat. Wem eine Trennung nicht den Schlaf raubt, sollte sich möglicherweise einmal wegen Gefühlsarmut untersuchen lassen. Verminderte Empfindungsfähigkeit in Krisensituationen gilt als Kennzeichen der Alexithymie, wie die Gefühlskälte im Fachjargon genannt wird. Wobei ich zugeben muss, dass ich diese Störung in einem neuen Licht zu sehen begann. Der Psychopath hat ja gesellschaftlich gesehen einen eher bedenklichen Ruf. Dennoch hätte ich mir zwischenzeitlich gewünscht, ein wenig von seiner inneren Gelassenheit zu besitzen.

Die gute Nachricht bei einer Anpassungsstörung ist, dass sie in den meisten Fällen nach einiger Zeit wieder verschwindet. Das Leben geht weiter, man lernt jemand Neues kennen. Die Beschwerden klingen ab. Wenn es nach Plan läuft, kehrt sogar das Denken zur normalen Geschwindigkeit zurück. Aber wie immer, wenn es sich um Psychologie handelt, ist auf einen positiven Ausgang kein Verlass. »Allerdings gibt es ebenso die Möglichkeit, dass diese Erkrankung über einen längeren Zeitraum auftritt«, lautet eine Warnung, wenn man Fachaufsätze zurate zieht. »Bei manchen Persönlichkeiten kann es auch vorkommen, dass sich die Anpassungsstörung zu einer anderen Depressionsform entwickelt.«

Die Psychiatrie ist ein weites Feld. Sie unterscheidet die neurotische Depression, wie ich nun weiß, die endogene Depression, die exogene Depression, die gemischte Depression, die lächelnde Depression. Kein Witz, auch die gibt es: »Manche Menschen tun alles, damit man ihnen ihre traurige Stimmung nicht anmerkt. Sie benutzen Humor als Mittel, um ihren Schmerz zu verstecken und ihre Mitmenschen zu täuschen«, heißt es dazu auf der Webseite eines Arztes, die ich beim Googeln gefunden habe. Keine Ahnung, was das in meinem Fall bedeutet. Ich hielt Humor immer für ein gutes Mittel, den Widrigkeiten des Lebens zu begegnen, und nicht für ein Krankheitszeichen. So kann man sich täuschen.

Leider verfestigt sich die Anpassungsstörung in gut einem Drittel der Fälle zu einer schweren psychischen Beeinträchtigung, bei der ärztlicher Beistand geboten ist. Warum der eine unter Schock ruhig bleibt und der Nächste die Fassung verliert, darüber kann man nur mutmaßen. Vielleicht hängt es mit der Biochemie im Kopf zusammen, vielleicht mit Erlebnissen in der Kindheit. Als besonders anfällig für eine Anpassungsstörung gelten Menschen, die einen Hang zum Perfektionismus haben und auf der Suche nach Anerkennung sind. Auch in der Hinsicht bin ich vorbelastet, fürchte ich.

Ich las mich durch die Ratgeberliteratur. Besser gesagt: Ich las mich durch die Kapitelüberschriften und Vorspänne der Ratgeber. Ein ganzes Buch zu lesen hätte meine Kräfte überfordert. Aber auch so bekam ich das Entscheidende mit. Das beste Mittel gegen Depression ist frische Luft und viel Bewegung. Jeder Therapeut rät als Erstes zu sportlicher Betätigung. Ich habe keinen Zweifel, dass dies ein exzellenter Ratschlag ist. Aber genauso gut könnte man einem Einbeinigen sagen, er solle ein bisschen schneller gehen. Oder einem Stotterer, er müsse nur ruhiger sprechen, damit sich sein Leiden bessere. Schon die Vorstellung, einmal um den Block zu laufen, schien mir so abwegig, dass ich den Leuten, die so etwas als Empfehlung verkauften, gerne die Meinung gegeigt hätte. Wenn es einen sicheren Weg gibt, einem Depressiven so richtig die Stimmung zu verhageln, dann ist es die Aufforderung, sich aufs Laufband zu stellen, um neuen Mut zu fassen.

Es ist erstaunlich, wie die Lebensgeister aus einem heraussickern können, so als sei man eine lecke Schüssel und nicht ein durch Muskeln in Form gehaltener Körper, der regelmäßig vom Arzt gewartet wurde. Ich konnte regelrecht zusehen, wie sich meine Antriebskräfte verflüchtigten. Manchmal fühlte ich mich schon morgens völlig zerschlagen. Der Gedanke, mir einen Kaffee zu machen, erschöpfte mich so, dass ich mich erst einmal wieder hinlegen musste.

Nach drei Monaten hatte ich den Diätrekord meiner Bekannten eingeholt. Ich wog jetzt wieder so viel, wie ich zuletzt als 17-Jähriger gewogen hatte, ohne dass ich einen Gedanken ans Abnehmen hätte verschwenden müssen. Nach vier Monaten schlotterten meine Anzüge wie die Walle-Walle-Kleider eines indischen Gurus. Im fünften Monat war ich so weit, einen Arzt aufzusuchen.

Diesmal ging ich auf Nummer sicher. Keine Zimmerpflanzen, die mich an die Wohngemeinschaft erinnern würden, der ich als Student entflohen war. Keine Siebdrucke in Pastellfarben, die auf die ästhetische Taubheit des Praxisinhabers schließen ließen. Das war die Voraussetzung für einen Arztbesuch, wie ich mir selber in die Hand versprach. Es gibt Menschen, die völlig unempfindlich sind, was ihre Umgebung angeht. Mich kann schon der falsche Polsterbezug aus der Fassung bringen. Rechnen Sie es meiner Disposition zur Neurose zu, aber so ist es leider. In einem Porträt über den Schriftsteller Maxim Biller las ich, dass er seinen Platz im »Literarischen Quartett« unter anderem deshalb geräumt hatte, weil er die Farbe der Studiostühle beim ZDF nicht ertrug. Andere halten das für verrückt; ich wusste sofort, wovon die Rede war.

Man kann sich im Internet Praxen wie Hotels ansehen: Öffnungszeiten, Lage, Blick ins Behandlungszimmer. Wenn man will, findet man sogar eine Bewertung anhand von kleinen gelben Sternen. In »Saturns Schatten« von Andrew Solomon habe ich gelesen, dass man bei der Wahl des Psychiaters nicht vorsichtig genug sein kann. »Saturns Schatten« ist für die Depressionsliteratur, was »Mein Leben am Limit« für die Bergsteigerwelt ist: ein Standardwerk. Es sei doch erstaunlich, schreibt Solomon, wie viele Menschen einen weiten Weg bis zu ihrer bevorzugten Reinigung in Kauf nähmen oder sich beim Filialleiter beschwerten, wenn im Supermarkt die gewünschten Dosentomaten aus seien, aber völlig sorglos blieben, wenn es um den Menschen gehe, dem sie einen Einblick in ihre Seelenwelt gewähren wollten.

Ich wählte Dr. Moschiri am Savignyplatz. Ausweislich seiner Webseite hatte Dr. Moschiri seine Ausbildung zum Facharzt für Psychiatrie an der Ludwig-Maximilians-Universität in München abgeschlossen. Alles, was aus Bayern kommt, erweckt in mir schon mal eine Art Grundvertrauen, da bin ich ganz naiv. Außerdem besaß Dr. Moschiri einen Parson Russell Terrier, der auf der Internetseite frech in die Kamera linste. Ein Arzt, der seinen Hund für sich sprechen ließ, bewies meiner Meinung nach einen angemessenen Sinn für die Proportion seelischer Probleme.

Dr. Moschiri brauchte 45 Minuten, dann stand seine Diagnose fest.

»Mittelschwere Depression«, sagte er. »Nichts, was man nicht mit der richtigen Medikation in den Griff bekommen kann.«

Ich muss gestehen, ich war fast ein wenig enttäuscht. So wie ich mich fühlte, hätte ich schwören können, dass bei mir die schwerste Form einer depressiven Erkrankung vorlag. Das hätte auch dem Ausmaß meines Selbstmitleids entsprochen. Warum hatte ich tagelang im Bett gelegen, wenn ich nur mittelschwer betroffen war?

Wie ich später herausfand, hatte ich gleich zu Beginn der Sitzung die falsche Antwort gegeben. Ob ich schon mal über Suizid nachgedacht hätte, hatte mich Dr. Moschiri gefragt, worauf ich nach kurzem Nachdenken erwiderte, dass ich grundsätzlich für alle Lösungen offen sei, mich in dem Fall aber die Endgültigkeit abschrecken würde. Das hatte mich in der Bewertung des Schweregrades meiner Depression sofort ein paar Stufen nach unten befördert.

Bei Selbstmord sollte man sich sicher sein, dass man seine Entscheidung nicht anschließend bereut, finde ich. Ich komme bereits beim Erwerb einer Winterjacke ins Grübeln, ob ich die richtige Wahl getroffen habe. Ich würde auch nie einen Vertrag ohne Widerrufsrecht unterschreiben. Wenn sie im Nachmittagsprogramm mal jemanden suchen sollten, der zu »Kaufreue« neigt, dann wäre ich die ideale Person. Als

Selbstmordkandidat scheidet man damit allerdings ziemlich verlässlich aus.

Die Psychiatrie unterscheidet zwischen aktiver und passiver Suizidalität. Der mittelschwer Depressive beschäftigt sich mit dem Selbstmord als Möglichkeit. Er sagt sich vielleicht: Ach, wenn mich morgen ein Auto überfahren würde, dann wäre das nicht so schlimm. Aber er überlegt nicht, wie er die Sache vorantreiben könnte. Der Schwerdepressive hingegen sinnt darüber nach, was die beste Möglichkeit wäre, aus dem Leben zu scheiden. Er wägt die Vor- und Nachteile der verschiedenen Tötungsarten und zieht Erkundigungen ein, was die Experten dazu meinen. Kein Arzt will das Risiko eingehen, dass sich der Patient nach Verlassen der Praxis vor die U-Bahn wirft. Deshalb ist die erste Frage, die der Psychiater zu klären versucht, wie akut der Todeswunsch ist. Man kann förmlich den Seufzer der Erleichterung hören, wenn Selbstmord als Selbsttherapiekonzept ausscheidet.

Ich verließ Dr. Moschiri mit einem Rezept für 50 Filmtabletten Cipralex 10 mg. Cipralex gehört zur Gruppe der sogenannten selektiven Serotonin-Wiederaufnahmehemmer, unter Kennern auch SSRI genannt, die darauf abzielen, den Serotoninspiegel im Hirn zu heben. Serotonin ist neben Dopamin und Noradrenalin einer von drei Botenstoffen, die für die Kommunikation der Gehirnzellen wichtig sind und auf das Wohlbefinden großen Einfluss haben. In populärwissenschaftlichen Schriften firmieren die ersten beiden als »Glückshormone«. Wie genau der Zusammenhang zwischen Stoffwechsel und menschlichen Emotionen ist, weiß niemand zu sagen, aber das steht dem Erfolg der chemischen Hormonheber nicht im Wege. Weil man weiß, dass ein Absinken der Neurotransmitter depressiv machen kann, geht man einfach davon aus, dass auch die Umkehrung funktioniert.

Wer sich den Antidepressiva anvertraut, betritt eine Welt mit Namen wie aus einem Zauberwald. Zoloft, Pram, Anafranil, Trevilor, Cymbalta, Ludiomil, Mianserin, Moclodura, Trazodon – das sind die Wundermittel, die Erlösung von den Fesseln der Schwermut versprechen. Die Funktionsweise ist bei allen Präparaten mehr oder weniger gleich. Weil man einen Neurotransmitter wie Serotonin nicht von außen verabreichen kann, arbeiten die Medikamente über einen Umweg. Sie blockieren die Absorption der Botenstoffe, was dazu führt, dass diese länger in der Gewebeflüssigkeit im Hirn zirkulieren. Daher auch der Name »selektive Wiederaufnahmehemmer«. Im Grunde funktioniert das Ganze wie bei Delfinen, die man zwingt, länger in ihrem Becken zu schwimmen, damit die Zuschauer ihren Spaß haben. Es gibt Forscher, die das Ganze für Hokuspokus halten und bezweifeln, dass sich dauerhaft die Laune verbessern lässt, indem man ein wenig an der Hormonschraube dreht. Vor ein paar Jahren sorgte eine Studie für Aufsehen, die zu dem Ergebnis kam, dass Antidepressiva in den meisten Fällen nicht wirksamer seien als Zuckerpillen. Wenn das stimmt, dann ist Prozac samt seinen vielen Nachfolgern das erfolgreichste Placebo aller Zeiten.

Ich will Sie nicht langweilen, aber wenn Sie Orientierung über das Angebot der in Deutschland erhältlichen Mittel brauchen, bin ich Ihr Mann. Ich könnte mühelos einen Führer durch die Welt der Psychodrogen schreiben. Das populärste Antidepressivum auf dem deutschen Markt ist Citalopram. 338 Millionen Tagesdosen wurden im vergangenen Jahr verschrieben, das ist ein Viertel des gesamten deutschen Jahresverbrauchs an Psychopharmaka. Citalopram ist im Einsatz bewährt, und es ist günstig. Die einzelne Tablette gibt es seit Auslaufen des Patents schon für umgerechnet 17 Cent, weshalb es von Ärzten gerne verschrieben wird.

Für den anspruchsvollen Patienten bieten sich selbstverständlich Alternativen. Es gibt Pillen, die zusätzlich sedierend wirken, was hilfreich ist, wenn man unter innerer Unruhe leidet. Anderen wird eine schmerzlindernde oder angstlösende Wirkung zugeschrieben. Wer zusätzlich zur Stimmungsaufhellung einen belebenden Effekt wünscht, dem empfiehlt sich Setralin als Wirkstoff. »Setralin kann bereits bei der ersten Einnahme antriebssteigernd wirken«, heißt es bei Wikipedia, was einer direkten Kaufempfehlung nach meinem Geschmack ziemlich nahe kommt.

Die zweite große Gruppe neben den SSRI sind die SNRI, die außer Serotonin auch das Noradrenalin ansprechen. Noradrenalin ist dem Adrenalin verwandt und wirkt auf das Herz-Kreislauf-System. In der Notfallmedizin wird es gern gespritzt, um Menschen auf die Beine zu bringen, die einen Kreislaufschock oder eine Sepsis erlitten haben. Ich kann dazu nichts aus eigener Erkenntnis beitragen, aber im »Brigitte«-Forum »bfriends« habe ich über gute Erfahrungen mit Venlafaxin, einem der beliebtesten SNRI-Präparate, gelesen. »Hey Georgia«, schreibt dort zum Beispiel Bittersweet0403, »manches beginnt groß, manches klein, und manchmal ist das Kleinste das Größte.« Ich weiß nicht, ob die »Brigitte«-Leserin neben esoterischen Anwandlungen zur Antriebsschwäche neigt. Ich kann nur sagen, dass ich auf der Suche nach näheren Informationen immer wieder auf den Forumsseiten der »Brigitte Community« gelandet bin. Wahrscheinlich stimmt einfach etwas mit den Voreinstellungen meines Browsers nicht.

Naturgemäß spielt die Frage der Nebenwirkungen in der Diskussion über die Vor- und Nachteile von Psychopharmaka eine große Rolle. Der sicherste Weg, schlecht drauf zu kommen, ist ein Blick auf die Packungsbeilage, deshalb rate ich davon schon mal dringend ab. Schwellungen der Haut, der Zunge, der Lippen; gelbliche Verfärbungen im Gesicht; ungewöhnliche Blutungen – das ist nur eine kleine Auswahl der Begleiterscheinungen, die dort aufgelistet sind. Wenn es ganz schlecht läuft, bekommt man das sogenannte Serotoninsyndrom. Die ersten Anzeichen dafür sind Verwirrtheit, Zittern, plötzliche Muskelzuckungen. Für den Heimgesuchten endet die Sache fast immer in der nächsten Notaufnahme.

Zum Glück sind die Nebenwirkungen moderner Antidepressiva im Regelfall eher harmlos, daher werden sie ja auch so gern verordnet. In der Einstellungsphase können Schwindel und Benommenheit auftreten, weshalb die Hersteller davon abraten, sich ans Steuer zu setzen oder »Maschinen« zu bedienen, was immer darunter zu verstehen ist. Es ist eigenartig, so detailliert die Beipackzettel ansonsten sind, bei dieser Information schweigen sie sich aus. Zählt zum Beispiel schon ein Küchenmixer als »Maschine«? Oder beginnt diese im medizinischen Sinne erst ab der Größe einer Kreissäge? Das ist eine ernsthafte Frage. Kein Mensch möchte mit der Hand im Mahlwerk eines Pürierers stecken bleiben, weil ihm das Serotonin unvermittelt einen Streich spielt.

Ich habe unter Niesanfällen gelitten. Ich dachte, ich hätte Heuschnupfen entwickelt, bis ich darauf kam, dass die Anfälle mit der morgendlichen Cipralex-Einnahme zusammenhängen könnten. Irgendeinen Trade Off gibt es immer im Leben. Besser sich zu Tode niesen, sagte ich mir, als den ganzen Tag darüber nachzusinnen, wie es wäre, wenn einen der Bus erwischt und man ein für alle Mal ausgeniest hat.

Der größte Nachteil aller SSRI-Tabletten ist, dass es ziemlich lange dauert, bis man einen Effekt verspürt. Nach Auskunft der Ärzte tritt nach drei bis vier Wochen Besserung ein, also für jeden, der im Tal der Düsternis wandelt, nach einer Ewigkeit. Der Effekt lässt sich auch nicht beschleunigen, indem man die Dosis steigert. Das Einzige, was man dadurch erreicht, ist Herzrasen. Warum das so ist, liegt ebenso im Dunkeln wie der ganze Mechanismus der Psychopharmakologie.

Paradoxerweise steigt dafür das Suizidrisiko in den ersten Tagen nach Behandlungsbeginn, das wiederum ist messbar. »Es kann hilfreich sein, wenn Sie einem Freund oder Verwandten erzählen, dass Sie depressiv sind oder unter einer Angststörung leiden«, hieß es deshalb als Handreichung zu den Tabletten, die mir Dr. Moschiri verschrieben hatte. »Bitten Sie diese Personen, diese Packungsbeilage zu lesen. Fordern Sie sie auf, Ihnen mitzuteilen, wenn sie den Eindruck haben, dass sich Ihre Depression oder Angstzustände verschlimmern oder wenn sie sich Sorgen über Verhaltensänderungen bei Ihnen machen.« Mit Depression ist nicht zu spaßen, wie man sieht. Oder haben Sie schon mal vor der Einnahme eines Antibiotikums die Empfehlung erhalten, Freunde und Verwandte zu bitten, auf Verhaltensänderungen zu achten? Ich nicht.

Viele Männer haben Angst vor Erektionsstörungen, aber auch diese Angst ist unbegründet. Wenn die Einnahme von Antidepressiva eine Auswirkung aufs Sexleben hat, dann eher die umgekehrte. Es gibt Männer, bei denen die Pille den Höhepunkt um Stunden hinauszögert. Ein Bekannter vor mir, der jahrelang auf Zolox war, ist zwischenzeitlich dazu übergegangen, den Orgasmus vorzutäuschen, um die Sache abzukürzen. Der vorgetäuschte Orgasmus steht ja seit Langem in der Kritik, wie man weiß. Irgendwie gilt er als Betrug. Dabei ist es doch eigentlich sehr rücksichtsvoll, den Partner im Glauben zu lassen, er habe alles richtig gemacht. Wir loben auch das Essen, wenn wir sehen, dass sich der andere damit besondere Mühe gegeben hat, und zwar ganz unabhängig davon, wie es schmeckt. Dass Männer im Bett bei der Wahrheit ein wenig nachhelfen, kommt übrigens öfter vor, als man denken sollte. Auf dem Datenportal »Statista« habe ich eine Studie gefunden, wonach 70 Prozent der Frauen die Frage bejahen, ob sie schon mal einen Orgasmus vorgetäuscht hätten, und immerhin 19 Prozent der Männer. Keine Ahnung, was das für die Zukunft der Partnerschaft bedeutet. Vermutlich muss man es als gutes Zeichen werten, wenn sich die Zahlen im Zuge der Gleichberechtigung weiter angleichen.

Eine Trennung hat auch ihre Vorteile, das sollte man nicht verschweigen. Ich weiß noch, dass sich bei mir zunächst eine unerwartete Euphorie einstellte, und zwar einige Monate bevor ich bei Dr. Moschiri vorstellig wurde. Wer verlassen wurde, muss keine Rücksicht mehr nehmen, das ist der Kick. Alle Wonnen des Single-Lebens stehen ihm offen, inklusive der eingebildeten. Man kann sich die Nächte um die Ohren schlagen, so als sei man gerade 20 Jahre alt geworden, vorausgesetzt natürlich, man hält das körperlich durch. Niemand nimmt länger daran Anstoß, wenn man sich zu Hause gehen lässt. Auch die Diskussion über den Abwasch hat sich erledigt.

Das Single-Leben ist gar nicht so traurig, wie man oft hört. Bei der Lektüre der »Welt« bin ich auf eine Untersuchung der Psychologin Bella DePaulo von der University of California gestoßen, wonach Singles verglichen mit ihren verheirateten Mitmenschen mit höherer Wahrscheinlichkeit psychisch wachsen und sich weiterentwickeln. Das fand ich sehr ermutigend. Ich wollte jetzt auch psychisch wachsen. Wenn das erforderte, dass man seine Abende in tollen Restaurants zubrachte und interessante Menschen traf, gut, dann sollte es so sein. Frau DePaulo hat auch herausgefunden, dass die Statistiken, wonach verheiratete Paare ein längeres und gesünderes Leben haben, Hokuspokus sind. Angeblich genügen die meisten Studien nicht mal im Ansatz wissenschaftlichen Standards. Ich bin dann aus Neugier auf die Webseite der Professorin gegangen. Dort habe ich gelesen, dass sie selbst seit Jahrzehnten Single ist und das noch nicht einen Tag bereut hat. Sie sei »Single im Herzen«, schrieb sie, eine Art Single-Aktivistin also. Das hat mein Vertrauen in die Zuverlässigkeit ihrer Forschungsergebnisse wieder ein klein wenig getrübt, muss ich gestehen. Die meisten Menschen, die eine Lebensentscheidung getroffen haben, die vom Lebensmodell der Mehrheit abweicht, neigen dazu, die Welt nach Belegen zu durchforsten, warum ihre Entscheidung mindestens genauso gut ist wie die, die sie ausgeschlagen haben, vielleicht sogar besser. Das scheint in der menschlichen Natur zu liegen, so wie das Bedürfnis, sich mit anderen zu vergleichen, oder der Drang, nach einem Fehlkauf einen hinreichenden Grund zu finden, warum der Fehlkauf doch kein Fehlkauf war.

Der größte Vorzug am Single-Leben ist die Möglichkeit, der Abenteuerlust zu folgen. Ich bin meiner Frau immer treu gewesen. Also, fast immer. In den insgesamt 17 Jahren, die wir, vom ersten Kuss an gerechnet, zusammen waren, bin ich nur einmal fremdgegangen. Es dauerte zwei Wochen, dann war es vorbei. Ich bin nicht stolz darauf. Aber *eine* Kurz-affäre in 17 Jahren, das gilt selbst nach päpstlichen Richtlinien als geringfügiges Vergehen, beim aktuellen Papst allemal. Außerdem war Alkohol im Spiel. Damit bekommt man sogar bei Schwerverbrechen einen Strafnachlass, oder nicht?

Statt zu »Depression« recherchierte ich jetzt zum Stichwort »Seitensprung«. Erstaunlich, was die Aussicht auf ein Abenteuer bewirken kann. Und zugleich bezeichnend, dass ich mich noch immer mit ehelicher Untreue beschäftigte, obwohl zwischen Ellas und meinem Rechtsbeistand längst entschiedene Briefe hin und her gingen.

Der Seitensprung wird als Trennungsgrund gemeinhin überschätzt, das war das Erste, was ich herausfand. Die meisten Menschen sagen, dass sie es ihrem Partner nicht verzeihen könnten, wenn er sie betrügen würde. Aber wenn es dann passiert, finden viele einen Weg, darüber hinwegzusehen. In der Literatur ist der Seitensprung die Tragödie schlechthin – Effi Briest stirbt an Einsamkeit, nachdem der Ehemann das Verhältnis aufgedeckt hat, Madame Bovary nimmt Gift. Doch das darf man nicht zu wörtlich nehmen. Eine Affäre verzeihen die meisten. Es ist die wiederholte Untreue, die eine Ehe ruiniert, nicht der einmalige Ausrutscher. Frauen sind in dieser Hinsicht übrigens deutlich intoleranter als Männer. Während 53 Prozent der Frauen sagen, dass für sie bereits nach einem einzigen Fehltritt des Partners Schluss sei, gilt das nur für 40 Prozent der Männer. Patriarchale Besitzansprüche scheinen nicht mehr das Kernproblem deutscher Paarbeziehungen zu sein, wenn ich die Zahlen richtig deute.

Frauen gehen eher fremd als Männer, das ist angesichts der Ausgangslage wiederum ein durchaus überraschender Befund, wie ich finde. Mit wem gehen sie fremd? Den Statistiken zufolge haben 55 Prozent der Frauen einen Seitensprung, aber nur 49 Prozent der Männer. Damit die Rechnung aufgeht, müssen entweder mehr Frauen lesbisch sein als angenommen, oder eine größere Anzahl geht mit denselben Männern ins Bett. Wahrscheinlich sagen viele nicht die Wahrheit, oder jemand rechnet nicht richtig.

Wenn es um Sex geht, rechnet man ohnehin lieber nicht nach. Bei Wikipedia findet man unter dem Stichwort »Seitensprung« den Hinweis, dass zwei Drittel der Italiener von sich sagen, dass sie schon einmal ihre Frau betrogen haben, ein europäischer Spitzenwert. Das Forschungsinstitut Censis ist allerdings zu dem Ergebnis gekommen, dass tatsächlich nur ein Viertel der Italiener wirklich fremdgeht. 42 Prozent der italienischen Männer geben also eine Affäre zu, die sie nie begangen haben. Was bezwecken sie damit? Fühlt man sich als Mann besser, wenn man einen Seitensprung erfindet, der sich in Wahrheit nie zugetragen hat, weil man entweder zu viel Angst vor der Entdeckung hatte oder weil man seine Frau so liebt, dass man ihr den Schmerz ersparen wollte? Faszinierende, aber rätselhafte Welt des Südens.

Der größte Unterschied zwischen den Geschlechtern scheint zu sein, dass Männer beim Sex weniger wählerisch sind. Im Regionalprogramm des RBB war vor Längerem ein Experiment zu sehen, bei dem Passanten beiderlei Geschlechts auf der Straße von einem sehr einnehmenden Gegenüber in ein Gespräch verwickelt wurden, an dessen Ende das mehr oder weniger deutliche Angebot zu einer gemeinsam verbrachten Nacht stand. Die weiblichen Passanten lehnten ausnahmslos ab; von den männlichen waren neun von zehn bereit, sich auf ein Abenteuer einzulassen. Meine Freundin Charlotte, die mich auf den Beitrag aufmerksam machte, weil sie fand, dass er alles über Männer sagt, was man wissen muss, sah sich durch den Film in ihrer Meinung bestärkt, dass Männern in Beziehungsdingen nicht zu trauen sei.

Charlotte, das sollte ich dazu vielleicht anmerken, ist eine der schönsten Frauen, die ich kenne, was sie nicht davor bewahrt hat, von dem Mann, mit dem sie fünf Jahre zusammen war, nach Strich und Faden betrogen zu werden. Als sie ihn zur Rede stellte, antwortete er, sie müsse Nachsicht mit ihm haben. Er habe ein sehr fragiles Selbstbewusstsein; er brauche deshalb in regelmäßigen Abständen die Bestätigung, dass ihn Frauen begehrten. Das ist mit Abstand die originellste Rechtfertigung serieller Untreue, die ich je gehört habe. Ich glaube, ich hätte erst einen Lachanfall bekommen und dann zum Schlagholz gegriffen, wenn mir jemand so gekommen wäre. Im Gegensatz zu mir ist Charlotte ein sehr geduldiger Mensch, weshalb es noch einmal zwei Jahre dauerte, bis sie ihre Koffer packte und von dannen zog. Immerhin strich sie auf dem Weg zum Taxi einmal kräftig mit dem Hausschlüssel über die Fahrerseite des in der Einfahrt geparkten Mercedes, bevor sie den Schlüssel in den angrenzenden Karpfenteich warf.

Sechs Monate, nachdem mir Ella mitgeteilt hatte, dass sie sich scheiden lassen wolle, war ich neu verliebt. Ach, was heißt »verliebt«? Das ist ein viel zu schwaches Wort, um zu beschreiben, welcher Gefühlssturm mich gepackt hatte. Ich war vernarrt, entbrannt, entflammt – was immer einem einfällt, um den Zustand zu beschreiben, den ein 17-Jähriger erreicht, wenn er sich in das Mädchen in der anderen Bankreihe verguckt.

Sie hieß Mona, eine Unternehmerin aus Pankow, die so sanft und verständnisvoll war, wie ich es noch nie bei einer Frau erlebt hatte. Sie saß zufällig neben mir in »Rigoletto«, einer Aufführung in der Staatsoper, zu der mich Freunde geschleift hatten, damit ich auf andere Gedanken käme. Mona stellte sich mir als Architekturstudentin vor, was insofern stimmte, als dass sie seit 16 Semestern an der Technischen Universität bei den Architekten eingeschrieben war. Tatsächlich verdiente sie ihr Geld mit dem Verkauf von Fischbrötchen vor Shoppingcentern im Berliner Umland.

Zusammen mit ihrer Mutter hatte sie einen Imbissanhänger erstanden, den die beiden mit zwei auf 450-Euro-Basis beschäftigten Angestellten betrieben. Das Geschäft lief so gut, dass Mona über den Kauf eines zweiten Wagens nachdachte, wie sie mir im weiteren Verlauf unseres Gesprächs berichtete. Meinetwegen hätte sie auch Fischmehl oder Trockenfutter für Hamster verkaufen können: Ich wäre noch am selben Abend aufgestanden, um ihr überallhin zu folgen, wenn sie es gewünscht hätte.

Sich als frisch Getrennter Hals über Kopf zu verlieben ist etwa so, als ob man einen Grill mit Flugbenzin löschen würde. Es gibt eine tolle Flamme, die man noch in hundert Metern Entfernung sieht, aber wenn es schlecht läuft, löst man eine Verpuffung aus, die einen wie ein abgefackeltes Streichholz zurücklässt.

Ich verbrachte jetzt Stunden damit, in kurzen Abständen mein Telefon zu überprüfen, ob eine SMS von Mona eingegangen war. Wenn eine Nachricht auftauchte, analysierte ich den Text auf versteckte Hinweise der Zuneigung und überlegte, was ich zurückschreiben könnte, das lustig, aber auch gefühlvoll klang, ohne dabei distanzlos oder gar bedürftig zu wirken. Die Übung lenkte mich vom Schmerz über die Trennung von Ella ab, das war das Gute daran. Gleichzeitig setzte sie meine ohnehin malträtierten Nerven unter eine Daueranspannung, die aller Voraussicht nach nur in einem vollständigen und kompletten Zusammenbruch enden konnte.

Ich träumte von einem neuen Leben an der Seite von Mona. Ich sah uns eine Wohnung in Berlin beziehen, die wir zusammen einrichteten. Vielleicht würden wir uns einen Hund zulegen, auch Kinder waren nicht ausgeschlossen. Mona war im Sommer 36 Jahre alt geworden, also blieb uns noch etwas Zeit. Hätte ich einen Psychologen gefragt, was mit mir geschah, hätte er mir gesagt, dass ich dabei war, die Welt, die ich verloren hatte, durch eine neue, imaginäre zu ersetzen. Leider haben es imaginäre Welten oft an sich, dass sie imaginär bleiben.

Kurz vor Weihnachten fuhr Mona mit ihrer Schwester in den Urlaub nach Thailand, und ich hörte zwei Wochen nichts mehr von ihr. Nach ihrer Rückkehr vergingen einige Tage, bis sie sich meldete. Als wir uns schließlich wiedersahen, war klar, dass sie das Interesse verloren hatte.

Ich konnte es nicht fassen. Ich war innerhalb von sieben Monaten zum zweiten Mal verlassen worden. Wie viel Pech konnte man im Leben haben?

Es war absurd. Es war so absurd, dass ich mich nicht einmal traute, Dr. Moschiri davon zu erzählen. Dass man durcheinander war, wenn einem die Frau nach 15 Jahren Ehe den Laufpass gab – das war sofort einsichtig. Aber dass man die doppelte Dosis Cipralex benötigte, weil man sich wie ein Pennäler in eine Abendbekanntschaft verknallt hatte, die verständlicherweise gewisse Vorbehalte hegte, sich in eine frische Scheidungsgeschichte hineinziehen zu lassen? Da fragte sich doch jeder, ob man seinen Verstand verloren hatte.

Im Nachhinein bin ich gottfroh, dass Mona die Weisheit besaß, mich meines Weges ziehen zu lassen. Wer weiß, was geschehen wäre, wenn sie in eine feste Beziehung eingewilligt hätte. Man kann die größten Unterschiede überbrücken, das ist nicht die Frage. Es gibt Paare, die über gravierende Altersunterschiede hinwegsehen; manchen gelingt es sogar, völlig verschiedene Kulturen und Religionen zu vereinbaren. Ich glaube dennoch, die Sache wäre nicht gut gegangen. Ich habe auch einiges zu diesem Thema gelesen, wie

Sie sich vorstellen können. »Übergangspartner« nennt die Forschung die erste Beziehung, die man nach einer Trennung eingeht. Männer, die verlassen wurden, verlieben sich schneller als Frauen. Die Aussichten, was die Haltbarkeit der neuen Liebe angeht, sind trotzdem gleichermaßen mau, darauf weist schon das Wort »Übergangspartner« hin. Die emotionale Aufarbeitung der Trennung sei noch nicht abgeschlossen, sagen die Paartherapeuten, weshalb sich der von Scheidung Bedrohte nicht wirklich auf die neue Beziehung einlassen könne.

In den Texten, die ich gefunden habe, ging es interessanterweise immer nur um das beklagenswerte Los der sogenannten Trostfrau oder des Trostmannes, die ihr Herz an den Falschen gehängt hatten, bei dem sich zu spät zeigte, dass er noch nicht wieder bindungsfähig war. Dass die neue Beziehung auch für den Trennungsgeschädigten seine Schattenseite haben kann, jedenfalls wenn sie unglücklich verläuft, war dort nicht mal eine Randnotiz wert. Keine Warnung vor den emotionalen Gefahren der Sofortromanze, kein Wort über den demoralisierenden Effekt der Mehrfachzurückweisung. Dass mich jetzt auch noch die Wissenschaft im Stich ließ, hätte ich nicht erwartet. Wenigstens die Paarforschung hatte ich geglaubt auf meiner Seite zu haben.

Schockerfahrungen setzen manchmal mit Zeitverzögerung ein. Die »posttraumatische Belastungsstörung« ist inzwischen ganz gut erforscht. Von Soldaten, die im Irak im Einsatz waren, weiß man, dass sie erst nach Monaten Auffälligkeiten zeigten.

Ich saß in Berlin-Schönefeld und wartete auf einen Air-Berlin-Flug nach Saarbrücken, als mich plötzlich die Gewissheit überkam, in einem Universum der Angst zu leben.

Eine Angstattacke ist eine eigenartige Sache. Eben noch sitzt man mit 35 Mitreisenden am Gate und schaut der Stewardess dabei zu, wie sie die Vorbereitungen fürs Boarding abschließt – plötzlich schnürt es einem den Hals zu, als wäre man nicht auf dem Weg ins Saarland, sondern mit 35 Teufeln auf einem Flieger Richtung Hades. Manche Leser werden jetzt einwenden, dass sie bei jedem zweiten Trip mit Air Berlin den Eindruck hatten, sie seien auf dem Weg in die Hölle. Aber bei einem regulären Flug versagen einem wenigstens nicht die Beine. Schon bevor es ans Einsteigen ging, hatte ich das Gefühl, dass nacheinander eine Reihe lebenswichtiger Funktionen ausfielen: die Fähigkeit, die Füße zu bewegen, die Arme, den Kopf. Dann beschleunigte sich der Herzschlag, während die Atmung unregelmäßig zu werden begann. Mir brach der Schweiß aus.

Eine Panikattacke kommt völlig unerwartet, deshalb kann man sich auf sie auch schlecht vorbereiten. Das ist eine der Dinge, die sie so unerfreulich macht. Fragt man den Arzt, was man tun soll, rät er zur Geduld. Cool bleiben und ausharren, bis sich alles wieder normalisiert hat, lautet die Empfehlung, was etwa so beruhigend ist wie die Auskunft eines Tauchlehrers, im Fall einer plötzlichen Atemnot unter Wasser einfach die Nerven zu behalten.

Die Medizin vergleicht die plötzlich auftretende Panik mit der Notabschaltung eines heiß gelaufenen Kernreaktors. »Aus ärztlicher Sicht handelt es sich um eine Art Notfallreaktion des Körpers, die ausgelöst wird, wenn eine bestimmte innere Anspannungsgrenze überschritten ist«, erklärte mir ein medizinisch gebildeter Freund, den ich anschließend um Rat fragte. Keine Ahnung, was in meinem Fall die Notabschaltung bewirkt hatte. Vielleicht war es die Käse-Salami-Focaccia, das ich nach dem Check-in unvorsichtigerweise zu mir genommen hatte. Die Leute schimpfen immer über das Essen im Speisewagen der Bahn, aber verglichen mit dem, was einem an Flughäfen angeboten wird, ist das Bahnessen die reinste Gourmetkost. Schlechte Fette sind, wie man weiß, eine der Hauptursachen für Stoffwechselerkrankungen und Herzprobleme. Gut denkbar, dass sie auch Panikschübe auslösen können. Ich halte bei Flughafenessen inzwischen alles für möglich.

Ich wog meine Optionen ab. Ein Flugzeug war der denkbar schlechteste Ort für einen Angstanfall, daran konnte kein Zweifel bestehen. Der einzige Weg ins Freie ist der Notausgang, das verspricht in zehntausend Metern Höhe keine dauerhafte Rettung. Vorne am Gate riefen sie jetzt meinen Namen auf, aber es war sonnenklar, dass mich keine zehn Pferde dazu bringen konnten, einen Schritt in Richtung Rollfeld zu machen. Leider war damit auch die Frage offen, wie ich die Abfertigungshalle wieder verlassen wollte, ohne die Verfügungsgewalt über meine Beine zurückerlangt zu haben.

Ich rief Sahra an und bat sie, im Büro Bescheid zu geben, dass ich heute nicht wie vorgesehen reisen könne. Es ist seltsam, was man in Ausnahmesituationen als wichtig erachtet und was nicht. Würde man sie befragen, dann wären die meisten Menschen der Auffassung, dass die pünktliche Abwesenheitsnotiz beim Arbeitgeber nicht zu den vordringlichsten Dingen gehört, die zu erledigen sind, wenn man eine Angstattacke erleidet. Aber die Mehrheit der Menschen versteht auch nichts von Zwangsvorstellungen. Wahrscheinlich werde ich noch auf dem Sterbebett hochschrecken, weil mir plötzlich siedend heiß einfällt, dass ich den Bausparvertrag nicht rechtzeitig verlängert habe.

»Sag ihnen, mir ist schlecht geworden«, bat ich Sahra.

Dann schloss ich die Augen und versuchte, zumindest meine Atmung unter Kontrolle zu bekommen.

Als ich ein paar Tage später das Büro betrat, sahen mich die Kolleginnen mit einem Blick voller Mitleid an, als hätte ich einen Trauerfall im engsten Familienkreis zu beklagen. Ich verstand zunächst nicht, was vorgefallen war, bis ich dahinterkam, dass meine Freundin die Nachricht hinterlassen hatte, ich hätte einen Nervenzusammenbruch erlitten. Das lag nicht *so* weit neben der Wahrheit, aber ich hätte es zweifellos vorgezogen, wenn sie eine weniger drastische Beschreibung gewählt hätte.

Ich fühlte mich außerdem exzellent. Ich hatte seit Langem zum ersten Mal wieder ausreichend gefrühstückt. Der Schlaf war lang und erfrischend gewesen. Vor allem war ich völlig angstfrei. Man hätte mich mit nichts als einer Kippa bewaffnet nach Berlin-Neukölln schicken können, um die dort ansässigen arabischen Großclans aufzumischen: Ich hätte es, ohne mit der Wimper zu zucken, getan. Wäre mir auf der Straße ein Tiger begegnet, ich wäre nicht einmal auf die andere Straßenseite ausgewichen, so unverwundbar fühlte ich mich.

Es ist wirklich enorm, was 0,5 Milligramm Tavor bewirken können. Eine halbe Tablette am Morgen, und die Angst fällt von einem ab wie ein böser Traum.

Tavor gehört zur Gruppe der Tranquilizer. Der chemische Grundstoff, das Benzodiazepin, wurde 1958 von dem Chemiker Leo Sternbach entdeckt. Die ersten Präparate hießen Librium (Werbeslogan: »Sonnenbrille für die Psyche«) und Valium. Seither ist die Substanz hundertfach variiert worden und unter diversen Markennamen im Handel. Die bekanntesten sind Lexotanil (»rechtzeitig psychische Spannungen beheben«), Adumbran (»der Schlüssel zur seelischen Rast«) und Tranxilium (»schafft die Ausgeglichenheit der Psyche«).

Im Gegensatz zu herkömmlichen Psychopharmaka tritt die Wirkung schnell und zuverlässig ein. Die Wirkstoffe lagern sich an bestimmten Schaltstellen der Nervenzellen an, wo sie dämpfend auf das vegetative Nervensystem wirken. Statt Verwirrung, Angst und der nervösen Gespanntheit des von Gott verlassenen Menschen erfüllt einen der tiefe Frieden des Swami, und das ganz ohne spirituelle Vorarbeit.

Keines der Konkurrenzprodukte reicht an die kleine Pille aus dem Pharmahaus Wyeth heran. Als eine Art Wunderdroge, die alle Tröstungen des Alkohols und des Christentums vereint, so hat der »Spiegel« vor Jahren einmal den Angstlöser beschrieben, natürlich mit Ironiezeichen, wie es sich für den »Spiegel« gehört. Leider macht Tavor, ganz unironisch, wahnsinnig schnell abhängig.

»Eine Tablette pro Tag, besser nur eine halbe, und nach spätestens 14 Tagen ist Schluss«, hatte mir Dr. Moschiri eingeschärft, als er mir das Rezept ausstellte. »Wenn es Ihnen bis dahin nicht besser geht, müssen wir uns etwas anderes überlegen.«

Der bekannteste Konsument von Tavor war der ehemalige schleswig-holsteinische Ministerpräsident Uwe Barschel. Über sieben Jahre hatte Barschel das Medikament genommen. Am Ende war er bei zehn Milligramm am Tag angelangt, einem Mehrfachen der normalen Menge. Was eine Überdosierung Tavor bewirkt, konnten Millionen Deutsche am Fernseher verfolgen, als der wegen einer Spitzelaffäre in Bedrängnis geratene Politiker auf einer Pressekonferenz seine Unschuld beteuerte. Während er vor dem Adenauer-Haus in Bonn in die Kameras sprach, hatte er Mühe, Ort und Zeit richtig einzuschätzen, dazu kamen Wortfindungsstörungen und Silbenschleifen, wie die Medizin das von Alkoholikern bekannte Lallen taktvoll nennt. Ein paar Wochen später fand man seinen Leichnam in einer Badewanne im Genfer Luxushotel Beau-Rivage. Man kann zu Barschels Verdiensten für das Land Schleswig-Holstein stehen, wie man will: Als Promi ist er nicht die ideale Werbefigur für einen Angstlöser, das ist mir durchaus bewusst.

Anderseits: Ungewöhnliche Umstände erfordern ungewöhnliche Mittel. Vorsichtshalber beschloss ich, mir jeden Abend eine Sprachprobe abnehmen zu lassen, und zwar bevor ich die erste Flasche Weißwein geöffnet hatte.

Genf ist eine schöne Stadt. Aber auf der Liste von Orten, die ich unbedingt noch sehen wollte, rangierte es eindeutig im Mittelfeld.

Ardennenoffensive oder der Kampf ums Geld

KAPITEL FÜNF, *in dem der Leser lernt, dass das Bedürfnis nach Rache stärker sein kann als die Gier, und sich der Held in den Kampf um einen grünen Plastikeimer verstrickt*

Es ist frappierend, von welchem Voodoo-Zauber eine Scheidung begleitet wird. Selbst Dinge, bei denen wir eben noch überlegt haben, ob wir sie nicht endlich wegwerfen sollten, wachsen einem in einer Trennung ans Herz.

Meine Frau entwickelte zum Beispiel eine starke Anhänglichkeit zu den Figuren, die ich von diversen Afrikareisen mitgebracht hatte und über die es eben noch geheißen hatte, dass sie uns unnötig das Wohnzimmer vollstellen würden. Selbst die Holzmaske in meinem Arbeitszimmer, die als ghanaischer Staubfänger belächelt worden war, übte plötzlich einen magischen Reiz aus.

Man kann nicht nur Menschen, man kann auch Dinge als Geiseln nehmen. Die Verhandlungen zur Übergabe meiner Fotoausrüstung zogen sich über volle zwölf Monate hin. Solange Ella und ich zusammenlebten, besaß ich eine sehr schöne Spiegelreflexkamera von Nikon, die mir immer viel Freude gemacht hatte. Mit dem Auszug aus der ehelichen Wohnung verlor ich sämtliche Nutzungsrechte. Die Kamera verschwand in einem Schrank, zu dem nur Ella den Schlüssel besaß. Der Schrank wiederum stand in einem Zimmer, dessen Tür fest verriegelt war.

Ich machte geltend, dass mir die Kamera ihrem Wesen nach schon gehört hatte, als an eine Heirat noch nicht einmal zu denken gewesen war. Der infrage stehende Apparat war der Ersatz für ein älteres Modell, das ich erstanden hatte, als die ersten digitalen Spiegelreflexkameras auf den Markt kamen, und das mir später bei einem Einbruch in unsere Wohnung geklaut worden war. Ich hatte die neue Kamera mit dem Geld der Versicherung gekauft, die für den Schaden aufkam. Es handelte sich also nur um die technisch ausgereiftere Inkarnation ein und derselben alten Nikon. Das Einzige, was sich durch das Geld der Versicherung geändert hatte, war, wenn man so wollte, die konkrete Erscheinungsform.

»Das ist wie in Platons Höhlengleichnis«, sagte ich. »Wir sehen die Schatten an der Wand, aber was wirklich zählt, sind die Ideen.«

Ella sah mich mitleidig an, als ich ihr eine philosophische Perspektive auf die Vermögenslage näherzubringen versuchte.

Sie war eindeutig keine Anhängerin der platonischen Ideenlehre, sondern, wenn überhaupt, Vertreterin einer praktischen Philosophie, die das Konkrete über die Vorstellung stellte. Sie betrachtete eine Nikon D300 samt Weitwinkelobjektiv (Lichtstärke 2.4) und Telezoom (70 mm bis 200 mm) als einen nicht ganz unbedeutenden Wertgegenstand, über dessen weitere Verwendung erst entschieden werden konnte, wenn die Scheidungspapiere ausgearbeitet waren. Solange die Anwälte in Verhandlungen standen, war an eine Herausgabe nicht zu denken, Höhlengleichnis hin oder her.

Im Kampf mit der Betriebswirtschaft zieht die Philosophie immer den Kürzeren, erst recht, wenn die Sache der

Betriebswirtschaft von einer Unternehmensberaterin vertreten wird. Keine Ausnahme möglich, Punkt. Das wird einem selbstverständlich nicht gesagt, wenn man mit dem Philosophiestudium beginnt.

Schauen Sie sich um in der Welt: Wer besitzt das Zehn-Millionen-Dollar-Grundstück mit Hanglage und Meerblick? Nicht der Philosoph. Gut, es existiert eine Ausnahme zur Regel: Richard David Precht. Aber erstens ist strittig, ob das, was Precht betreibt, noch unter Philosophie fällt. Es gibt Menschen, die behaupten, dass er die Helene Fischer der Philosophie sei, was ich persönlich nicht ganz fair finde (wenn man schon Musikanalogien bemühen will, dann wäre ein Vergleich mit Richard Clayderman meines Erachtens sehr viel angebrachter). Zweitens wird Precht in einem anderen Leben ganz sicher als Regenwurm oder Ameise wiedergeboren werden, damit er mal sieht, wie es ist, wenn man nicht reich, klug, schön und berühmt ist. Das ist ebenfalls nicht fair, aber darüber soll er sich bei demjenigen beschweren, der die Inkarnationsregeln gemacht hat. Meinen Nikon-Fall kann er dann gleich mit erwähnen.

Der normale Deutsche besitzt im Schnitt 10 000 Dinge. Als vor vier Jahren nachgezählt wurde, wie viele Sachen zum Anziehen die Briten besitzen, kam man auf sechs Milliarden Kleidungsstücke, gut hundert pro Person, wovon ein Viertel nie den Kleiderschrank verlassen hat, wie man bei dem Historiker Frank Trentmann nachlesen kann, der sich die Mühe gemacht hat, eine »Geschichte des Konsums« aufzuschreiben.

Es gibt zahlreiche Abhandlungen darüber, warum weniger mehr ist. Die meisten Menschen empfinden Überfluss als Problem, was sie allerdings nicht davon abhält, dem Alten ständig Neues hinzuzufügen. Auch global gesehen ist unsere materielle Fixierung von Übel. Vieles von dem, was wir an Besitztümern anhäufen, verbraucht bei der Herstellung große Mengen Energie und landet über kurz oder lang auf dem Müll, wo es langsam verrottet.

Jeder weiß, dass es ungesund ist, sich emotional zu sehr an Dinge zu binden. Im 14. Jahrhundert hatten die meisten Menschen das, was sie ihr Eigen nannten, in Griffnähe oder trugen es bei sich am Körper. Heute kann man von Glück sagen, wenn die Wohnung einigermaßen fasst, was man im Laufe des Lebens ansammelt. Manche Leute weichen in ihrer Not auf zusätzliche Lagerräume aus. Das Konzept des Self Storage ist auch in Deutschland groß im Kommen, wie ich mir habe sagen lassen.

Psychologen können einem erklären, dass wir die Welt der Dinge als eine Erweiterung unseres Ichs sehen. Das ist natürlich eine Illusion, die uns daran hindert zu erkennen, was im Leben wirklich zählt. Der Psychoanalytiker Erich Fromm hat schon in den Siebzigerjahren in seinem Bestseller »Haben oder Sein« die Fixierung auf den Materialismus beklagt und eine Wende zum Weniger propagiert.

Wenn Sie je darüber nachgedacht haben sollten, wie Sie sich am besten von Dingen trennen, die Sie als Last empfinden, dann werden Sie eine Scheidung als eine heilsame Erfahrung erleben. Der schnellste Weg zu anhaltendem Seelenfrieden und innerem Glück ist es, dem anderen einfach alles zu überlassen, was dieser für sich beansprucht. Leider sind die wenigsten Menschen zu solcher Weisheit in der Lage, mich eingeschlossen. Wäre es anders, würde einem viel Ärger erspart bleiben, und die Scheidungsindustrie hätte deutlich weniger zu tun.

Ums Geld wird immer gestritten. Die Reichen streiten, weil sie können, die Armen streiten, weil sie müssen. Das habe ich mir nicht ausgedacht. Das ist, in einem Satz zusammengefasst, die Erfahrung eines Münchner Scheidungsanwalts, der in seinem Leben über 1000 Paare auf dem Gang zum Scheidungsrichter begleitet hat und mit dem ich mich lange unterhalten habe.

Geld hat in einer Ehe viele Erscheinungsformen. Es kann in dem Vermögen bestehen, das man über die Jahre zusammengetragen hat, der Altersversorgung, die den beiden Ehepartnern ein Leben ohne Arbeit ermöglichen sollte, den Tausend Dingen des Hausrats, die bis eben noch das gemeinsame Zuhause bildeten.

Ich habe mich erkundigt: Beim Eigentum ist die Sache, juristisch gesehen, noch ziemlich einfach, zumindest dem Prinzip nach. Was in der Ehe an Wertgegenständen angeschafft wurde, wird zu gleichen Teilen geteilt, und zwar unabhängig davon, wer dafür aufgekommen ist. Das Ganze nennt sich Zugewinnausgleich. Es ist das normale Verfahren bei einer Scheidung, es sei denn, man hat ausdrücklich etwas anderes vereinbart.

Manche Menschen haben einen Ehevertrag, in dem eine Gütertrennung vorgesehen ist, aber das ist die Ausnahme. Ella und ich hatten so etwas selbstverständlich nicht; es macht bei einer normalen Ehe, in der irgendwann Kinder kommen und einer der beiden Ehepartner im Beruf kürzertritt oder sogar aussetzt, auch nicht viel Sinn. Wer sich auf Gütertrennung einlässt, sollte wissen, dass er auf jede Kompensation für den familienbedingten Karriereverlust verzichtet. Kommen Sie also nachher, wenn die Sache schiefgeht, nicht auf die Idee, von Ihrem Noch-Ehegatten zu verlangen, dass er Ihnen etwas abgibt, weil Sie auf die Blagen aufgepasst haben, während er von seinem Gehalt fleißig sein Aktiendepot bestückt hat. Sie können das versuchen, sicher, aber die Chancen, dass sich der Gatte ausgerechnet in dieser Phase der Beziehung als großzügig erweist, stehen eher schlecht. Daran ändern auch alle anderslautenden Zusagen nichts. Erfahrungsgemäß sind Versprechen, die im Zustand der Verliebtheit erfolgten, während einer Scheidung so viel wert wie die Wechsel eines nigerianischen Internetanwalts, der einem gegen eine überschaubare Verwaltungsgebühr von, sagen wir, 10 000 Euro die Beteiligung an einem herrenlosen Treuhandfonds übertragen hat, der einen eines Tages unendlich reich machen wird.

Schaut man in juristischen Ratgebern nach, wie der Zugewinn berechnet wird, stößt man auf die Anleitung, wonach jeder zunächst auflistet, was er an Vermögen in die Ehe eingebracht hat. Auch Schulden finden selbstverständlich Berücksichtigung. Wenn A bei der Hochzeit 30 000 Euro besaß und B noch ein Darlehen abbezahlen musste, ergibt das für B ein negatives Anfangsvermögen, wie der Fachbegriff lautet, wogegen dann in Rechnung gestellt wird, was anschließend auf beiden Seiten dazukam. Der Saldo aus Aktiva und Passiva ist der in der Ehe entstandene Zugewinn, ein seltsam tröstliches Wort, das angesichts der Umstände etwa so passend ist wie der Begriff »Freistellung« für eine Entlassung. In Wahrheit läuft die Operation darauf hinaus, dass sich die wirtschaftlichen Auswirkungen einer Trennung die Waage halten. Das ist jedenfalls die Idee dahinter. Wenn schon nicht bei den emotionalen Folgen Parität herrscht, dann soll wenigstens bei den finanziellen Gleichheit gewahrt bleiben.

Das ist die Ausgangslage. Doch so läuft es in der Praxis nicht, was schon daran liegt, dass Menschen bei kaum einem Thema so emotional reagieren wie beim Finanziellen. Ich kenne inzwischen Dutzende Geschichten von Paaren, die im Krieg der Anwälte lieber die Vernichtung ihres mühsam erworbenen Vermögens in Kauf nahmen, als dem anderen etwas zu gönnen. Die Profession der Wirtschaftswissenschaft beruht auf der Annahme, dass wir mehr oder weniger rational agieren, wenn es ums Geld geht. Beim Geld hört der Wahnsinn auf, das ist die ökonomische Standardlehre. Was nur den Schluss zulässt, dass die Scheidungszahl unter Wirtschaftswissenschaftlern extrem gering ist oder sie der Theorie in jedem Fall den Vorzug vor der Praxis geben.

Irgendetwas gibt es immer, über das man sich in die Haare kriegen kann, und sei es das BAföG, das zu Ehebeginn nicht ganz zurückgezahlt war. Wer weiß nach eineinhalb Jahrzehnten noch, wie viel Geld er damals dem Staat wegen seines Studiums schuldete? Es soll Spezialisten geben, die jeden Kontoauszug vom Moment der Volljährigkeit an aufbewahren, aber die meisten Menschen haben schon Mühe, übers laufende Jahr Ordnung zu halten. Im Grunde ist eine Scheidung die ultimative Genugtuung für alle Zwangscharaktere. Sollten Sie jemals als Kontrollfreak verspottet worden sein, der nicht gelernt hat loszulassen: Jetzt ist Ihre Stunde gekommen, um der Welt zu beweisen, warum es sich lohnt, an jedem Schnipsel Papier festzuhalten, als hinge das eigene Leben davon ab.

Im Laufe eines Ehelebens sammelt sich einiges an Vermögen an, dabei auch sehr Unterschiedliches, das ist das nächste Problem. Sie haben ein Haus gebaut oder eine Wohnung gekauft. Es gibt Sparverträge, Lebensversicherungen, Aktien; irgendjemand hat in weiser Voraussicht eine Berufsunfähigkeitsversicherung abgeschlossen. Für alles gibt es Regeln, was im Scheidungsfall damit zu geschehen hat. Die Rechtswissenschaft lässt niemanden im Stich. Verwirrenderweise sind die Regeln im Einzelfall allerdings oft nicht so, wie man erwarten sollte.

Viele Menschen denken zum Beispiel, sie müssten ihr Erbe teilen, wenn sie vergessen haben, dies rechtzeitig auszuschließen. Die Angst ist unbegründet, wie der Blick ins Gesetzbuch zeigt. Erbschaften und Schenkungen werden automatisch dem Anfangsvermögen zugeschlagen und sind damit raus aus dem Zugewinnausgleich, auch wenn der Geldsegen in die Zeit der Ehe fiel. Wer also darauf spekuliert, dass er durch eine Heirat zu Reichtum gelangt, dem bleibt nur, auf den vorzeitigen Tod des Ehepartners zu setzen. Eine Scheidung wird ihm nicht helfen, jedenfalls nicht unter den Bedingungen des deutschen Scheidungsrechts. Anders verhält es sich, wenn die Erbschaft durch eine glückliche Fügung des Schicksals im Wert steigt. Wem die Eltern ein Stück Ackerland vermacht haben, das plötzlich zu Bauland wird, ist mit einem Schlag wieder im Zugewinn drin. Die Rechnung geht jetzt so: Ursprungswert: 80 000 Euro, neuer Wert: 2 Millionen Euro, Zugewinn: 1,92 Millionen, Anteil für den bald schon Ex-Partner: 960 000 Euro. Manchem wäre unter diesen Umständen lieber, es wäre für immer beim Ackerland geblieben.

Je weiter man sich in die Materie vertieft, desto komplizierter wird es. Kein Wunder, dass die Trennung als Rechtsgebiet einen ganzen Berufsstand ernährt. Auf Scheidung spezialisierte Juristen nennen sich gerne Familienrechtler, aber das ist nur eine vornehme Bezeichnung für die blutigste Fachrichtung, die die Rechtswissenschaft zu bieten hat. Jeder versucht, die positiven Seiten zu betonen, so gut er kann, daran ist nichts Ehrenrühriges. Die Putzfrau heißt ja auch nicht mehr Putzfrau, sondern »Facility Manager«, so wie sich der Zerleger im Schlachthof lieber Fleischfachverarbeiter nennt.

Ich habe meine Anwältin auf Empfehlung eines Freundes gefunden. Eigentlich war sie Spezialistin für Arbeitsrecht, aber mein Freund versicherte mir, dass sie sich auch sehr gut in Scheidungsdingen auskenne. Vielleicht wäre ich besser gefahren, wenn ich mir einen harten Hund genommen hätte, einen, der sich in die Anträge der Gegenseite verbeißt und erst Ruhe gibt, wenn alles in Fetzen liegt. Wie die meisten Arbeitsrechtler war meine Anwältin eher konsensorientiert, was mich zugegebenermaßen manchmal an ihrer Kompetenz zweifeln ließ. Der Arbeitsrechtler sucht im Gegensatz zum Scheidungsanwalt den Ausgleich, dafür sorgen schon die langen Verhandlungen mit Ver.di-Vertretern.

Mit der Wahl des Anwalts steht und fällt die Strategie für den Kampf, der einen die nächsten Monate, wenn nicht Jahre beschäftigen wird. Jeder General muss sich vor einem Feldzug die Frage stellen: Will er seine Verluste so begrenzt wie möglich halten, auch auf die Gefahr eines partiellen Rückzugs hin – oder setzt er auf die Vernichtung des Gegners, was mit einem hohen Blutzoll auf beiden Seiten verbunden sein kann?

Meine Frau hatte eine Bekannte mit der Vertretung ihres Falles beauftragt, die selber durch eine hässliche Scheidung gegangen war, wie ich wusste. Wir hatten uns vor unserem Umzug nach New York ein paarmal gesehen, zwei Paare Anfang vierzig, die durch das übliche Chaos aus Kindererziehung, Familienleben und Arbeit zu navigieren versuchten. Sie war eine kleine, energische Frau, die in der Beziehung erkennbar die Zügel in der Hand hatte, er ein stiller blonder Mann, an dem das Auffälligste war, dass er leicht das linke Bein nachzog. Es wäre gut zu wissen gewesen, wer in dem Fall wen verlassen hatte: sie ihn oder er sie. Meine Vermutung war, dass er es gewesen war, der die Ehe aufgekündigt hatte, um sich mit einer sanften Asiatin zusammenzutun. Eine Anwältin, die das Drama der Scheidung mit jedem Fall aufs Neue durchlebte: Das sah eher nach Ardennenoffensive als nach Blauhelmeinsatz aus.

Es ist wirklich verblüffend, wie ich finde: Kaum etwas besorgt die Menschen so wie die Absicherung gegen die großen Schadensfälle des Lebens. 140 Milliarden Euro hat die deutsche Versicherungswirtschaft allein im vergangenen Jahr für das Versprechen eingenommen, beim Versagen der Natur und des Körpers, bei Schädigungen durch andere oder selbst verschuldete Fehler einzustehen. Die Leute versichern sich gegen Hausbrand, lecke Waschmaschinen, Vandalismus, Streit mit dem Nachbarn und verspäteten Reiseantritt. Nur gegen den mutmaßlich größten Schadensfall, das Ende der Ehe, sind sie in keiner Weise vorbereitet. Vermutlich ist es zu viel verlangt, sich beizeiten auf eine Trennung einzustellen. Das Scheitern der Ehe gehört zu den Dingen, deren Möglichkeit man zwar sieht, aber in der eigenen Ehe für unwahrscheinlich hält. Wäre es anders, würde man ja nicht eine Bindung eingehen, die sich dann nur mit Mühe wieder lösen lässt.

Spätestens wenn es zum Trennungsfall kommt, ist es allerdings angezeigt, alle Gedanken darauf zu richten, wie sich das Beste aus der Situation machen lässt. Das Beste bedeutet in diesem Fall: erst einmal dafür zu sorgen, dass man nicht untergeht. Wie bei allen Katastrophen hängt auch bei der Scheidung viel davon ab, wie zügig man sich auf die neue Lage einstellt. Die Fehler, die man am Anfang begeht, sind später kaum wiedergutzumachen. Wenn das Wasser schnell steigt, heißt es, umsichtig, aber entschlossen zu reagieren. In den ersten Wochen entscheidet sich, ob man als Versehrter endet – oder als jemand, der mit schweren Blessuren aber doch einigermaßen intakt davonkommt.

Wer zieht jetzt aus? Das ist die erste Frage, die geklärt werden muss. Es ist eine Sache, die Trennung zu annoncieren; aber nur wenn sie auch räumlich vollzogen ist, beginnt die Uhr des Gesetzes zu ticken. »Ein Jahr getrennt von Bett und Tisch«, so sieht es das Scheidungsrecht als Bedingung vor, erst danach wird formal geschieden. Es mag eine seltsam altertümliche Formulierung sein, die an eine Zeit erinnert, als die Ehe noch ein heiliges Bündnis war. Die Gerichte verstehen in dieser Hinsicht keinen Spaß, das kann jeder Anwalt bestätigen.

Der Staat wacht eifersüchtig darüber, dass Ehepaare nicht aus einer Laune heraus das Zusammenleben aufkündigen. Deshalb hat er auch das Trennungsjahr eingerichtet. Es könnte ja sein, dass man nach einer Phase des Missmuts und der Unverträglichkeit wieder zusammenfindet. Der Gesetzgeber denkt in dieser Hinsicht erstaunlich romantisch. Ich habe noch nie von einem Paar gehört, das die Scheidungspläne kassiert hätte, weil es nach drei Monaten Trennungskampf feststellte, dass es zu zweit doch schöner ist als getrennt. Eher finden Nord- und Südkorea zusammen als zwei Menschen, von denen einer das S-Wort ausgesprochen hat. Aber damit muss man dem Scheidungsrichter nicht kommen, dieser sanften Seele. Er hält eisern am Glauben fest, dass sich noch ein Wunder ereignen könnte, und sei es auf den letzten Metern des Trennungsjahrs.

Nur wenn die Fortsetzung der Ehe »aus Gründen, die in der Person des anderen Ehegatten liegen, eine unzumutbare Härte darstellen würde«, wie es im Bürgerlichen Gesetzbuch nüchtern heißt, kann im Ausnahmefall auf die Einhaltung der 365-Tage-Frist verzichtet werden. Als unzumutbare Härte gilt fortgesetzte rohe Gewalt. Man hat auch schon davon gehört, dass ein Richter ein Einsehen hatte, als die Frau geltend machen konnte, dass sie von ihrem neuen Partner ein Kind erwarte. Wenn es um die Verweigerung der ehelichen Geburt geht, wird sogar ein deutsches Scheidungsgericht schwach. Seelische Grausamkeit zählt nicht zu den Ausnahmegründen, ebensowenig wie die Zurschaustellung des neuen Liebesglücks vor den Augen des Menschen, dessen Leben man gerade auf den Kopf gestellt hat. Der gehörnte Ehepartner kann nur verlangen, dass der oder die NebenbuhlerIn nicht die Wohnung betritt. So viel Mitgefühl kennt dann sogar das BGB.

Am einfachsten ist es, man mietet eine zweite Wohnung an, da gibt es anschließend keine Unklarheiten. Zwei Adressen, zwei Klingelschilder, zwei Briefkästen – eine saubere Sache. Aber das können sich viele Leute nicht leisten, also müssen Vorkehrungen getroffen werden. Die Trennung der Betten ist noch relativ einfach zu bewerkstelligen. Selbst die kleinste Hütte erlaubt zwei Matratzen. Versuchen Sie es gar nicht erst mit dem Argument, sie hätten sich längst innerlich voneinander abgewandt. Bei der Scheidung zählen harte, belastbare Fakten, keine inneren Vorgänge. Da hinkt das Recht der gesellschaftlichen Entwicklung trotz der langen sozialdemokratischen Besetzung des Justizministeriums eindeutig hinterher.

Schwieriger ist es schon, der geforderten Trennung am Tisch gerecht zu werden. »Tisch« ist in diesem Fall der Begriff für alles, was außerhalb des Schlafzimmers liegt. Also Flur, Küche, Bad, Wohnzimmer, Arbeitszimmer, Terrasse, Garage, Keller. Die Autoren des Ratgebers »Scheidung für Dummies« empfehlen, genaue Duschzeiten zu vereinbaren, um eine angemessene Körperhygiene unter den Bedingungen der Scheidungsrichtlinien sicherzustellen (»Duschzeit für A ist unter der Woche morgens um 6.30 Uhr, Duschzeit für B ist um 7.30 Uhr; am Wochenende verschieben sich die Zeiten um zwei Stunden«). Auch eine Regelung zur Küchennutzung wird dringend angeraten.

Die Küche ist besonders gefährliches Gelände. Sie dürfen für den Ehegatten nicht kochen beziehungsweise sich von ihm bekochen lassen. Sie dürfen nicht für ihn waschen, nicht einkaufen oder sonstige Besorgungen machen und auch niemand anderes bitten, dies für ihn zu erledigen. Selbst Aufräumen und Putzen unterliegen den neuen Apartheidsregeln. Auch wenn Sie gerade den Staubsauger in der Hand haben sollten und es so einfach wäre, einmal beim anderen durchzusaugen: Lassen Sie den Wollmäusen freien Lauf! Gewöhnen Sie sich an den Gedanken, dass die Fenster der von ihm genutzten Räume dreckiger sind als die Ihren! Das ist keine Erfindung von mir, um die Sache zu dramatisieren. So steht es nahezu wörtlich in Ratgebern wie »Scheidung für Anfänger«.

Manchmal ist es schwer, das häusliche Grenzregime durchzuhalten. Jeder hat einen schwachen Moment. Man kommt nach einem harten Tag nach Hause. Man hängt seinen Erinnerungen nach, während man für sich und die Kinder das Essen zubereitet. Die Einsamkeit zerrt an einem. Im Topf ist noch ein bisschen Suppe.

Kommen Sie jetzt ja nicht auf die Idee, dem Ehepartner den Rest der Mahlzeit hinzustellen, weil Sie denken: Ach Gott, es wäre doch schade um das gute Essen. Eine einzige nette Geste – und wenn Sie Pech haben, sind Sie im Trennungsjahrkalender um Wochen zurückgeworfen. Übrig gebliebene Speisen gehören in den Abfall oder zur »Tafel«. Wenn der Partner Hunger hat, kann er sich dort anstellen.

Der Scheidungswillige muss stets mit dem Schlimmsten rechnen, das ist die Lektion, die man bei Lektüre der Trennungsfibeln eingebimst bekommt. Solange der Partner beim Zeitplan mitspielt, ist alles gut. Kein Richter wird beweisen können, dass man vor viereinhalb Monaten beim Einkauf geschummelt hat. Aber wehe, der erzürnte Ehegatte kramt plötzlich die Einkaufsliste hervor, um den Fehltritt bloßzulegen. Nicht jeder Ehepartner mag einsehen, warum die Beziehung zu Ende sein soll, nur weil der ihm Angetraute es so beschlossen hat. Manche fühlen sich in der Krise auch an das biblische Gebot erinnert, dass der Mensch nicht scheiden solle, was Gott zusammengefügt hat. Deshalb empfehlen die Experten dringend, sich die vereinbarte Nutzung der Wohnung schriftlich bestätigen zu lassen. »Ansonsten kann der Nachweis über das Leben in der gemeinsamen Wohnung zu Beweisschwierigkeiten führen«, heißt es warnend in den »Dummie«-Ratgebern.

Sex ist übrigens erlaubt. Wenn sie beide, nachdem jeder für sich eingekauft, geputzt und gekocht hat, unversehens miteinander im Bett landen, brauchen Sie sich keine Zurückhaltung aufzuerlegen. Der Beischlaf gilt als Versöhnungsversuch, da ist der Gesetzgeber überraschend großzügig. Auch mehrfache und regelmäßige sexuelle Begegnungen im Trennungsjahr haben, was den Scheidungstermin angeht, keine aufschiebende Wirkung. Wichtig ist hier nur die Dauer der Annäherung: Alles bis zu drei Monaten ist okay; was über drei Monate hinausgeht, setzt die Scheidungsuhr wieder auf Null. Achten Sie also darauf, dass Sie zwischen den Versöhnungsversuchen eine Pause einlegen. Und vergessen Sie nicht, nach dem Schäferstündchen das eigene Bett anzusteuern. Ich habe nichts dazu gefunden, ob durch Sex mit dem im Scheidungsprozess befindlichen Ehepartner auch die Bett-und-Tisch-Regel aufgehoben ist, aber ich würde kein Risiko eingehen wollen.

Ella und ich hatten Glück. Nachbarn überließen uns ihre Wohnung als Ausweichquartier. Das Apartment lag im selben Haus wie das unsere, die Besitzer, ein kunstbegeistertes Pärchen aus Madrid, nutzten es für gelegentliche Aufenthalte in Berlin, wo sie dann zwischen Galeriebesuchen und Abendeinladungen hin und her pendelten. Als sie von den familiären Verwicklungen zwei Stockwerke höher erfuhren, gaben sie mir spontan den Schlüssel, eine rührende Geste der Hilfsbereitschaft, die ich dankbar annahm. Ich glaube, es war das Netteste, was jemals Menschen für mich getan haben, die ich nur lose kannte. Leider habe ich mich dann denkbar schlecht benommen, wie ich zu meiner Schande gestehen muss.

Vier Wochen, nachdem ich mit ein paar Kleidungskisten und Büchern in die Nachbarwohnung eingezogen war, setzten die ersten Anzeichen des Scheidungssyndroms ein. Man selber merkt am Anfang nicht, dass man wunderlich wird. Es ist ein schleichender Prozess, das ist das Unheimliche daran. Bei der Frau mit den wirren Haaren, die schimpfend durch die Straßen unseres Viertels läuft, hat es wahrscheinlich auch ganz harmlos angefangen.

Ich hörte auf zu putzen. Wenn ich nach Hause kam, ließ ich meine Sachen auf den Boden fallen, so dass sich überall kleine Kleiderhaufen bildeten, aus denen ich dann am nächsten Morgen das Passende heraussuchen musste. Ich trank den Weißwein aus, den ich in der Küche fand. Wenn ich mit einer Flasche fertig war, stellte ich sie zu den leeren Flaschen, bis sich in der Ecke ein Flaschenlager gebildet hatte, das zu umgehen nur mit viel Geschick möglich war. Irgendwann vergaß ich auch, das Bett zu machen, so dass es immer so aussah, als sei ich gerade erst aufgestanden. Ich sagte mir, dass ich am nächsten Tag mal für Ordnung sorgen müsste, aber dann verging der Tag, und ich war keinen Schritt vorangekommen.

Ich kann nur jedem raten, es sich gut zu überlegen, ob er seine Wohnung einem Scheidungsfall zur Zwischennutzung überlassen will. Vom Scheidungsfall zur verkrachten Existenz ist der Weg kürzer, als viele denken. Ich fürchte, noch ein paar Wochen, und man hätte mich auf der Straße neben der gackernden Verrückten antreffen können.

Manchmal muss es erst weiter nach unten gehen, bevor es einen wieder nach oben führt, sagt der ehrwürdige Maharishi Rajesh Gobindaa. Ich war mit den Kindern im Herbsturlaub in einem All-inclusive-Hotel in der Nähe von Bodrum, als ich eine kurze Mail der Nachbarn erhielt, dass sie ihr Angebot leider zurückziehen müssten, da sie das Apartment doch öfter bräuchten als ursprünglich gedacht. Ich verspürte sofort einen brennenden Stich der Scham. Offenbar hatten meine Gastgeber auf dem Weg nach Madrid einen Zwischenstopp in Berlin eingelegt und waren über Kleiderhaufen und Weinflaschen gestolpert.

All-inclusive in Bodrum war eine verlockende Alternative, zumal weder ungemachte Betten noch liegen gelassene Kleidung hier ein Problem darstellten. Auch die leeren Weinflaschen waren jeden Mittag wie von Zauberhand verschwunden. Aber erstens konnte ich mir diesen Service auf Dauer nicht leisten, nicht einmal zu den Bedingungen des türkischen Mindestlohns, und zweitens erwartete die Mutter ihre Kinder zum Schulbeginn zurück. Wie es aussah, war ich der Obdachlosigkeit einen großen Schritt näher gerückt. Plötzlich schien die Vorstellung nicht mehr so absurd, dass ich mit dem Rest meiner Kleider und Bücher am Straßenrand sitzen würde, vor mir ein kleines Pappschild, auf dem ich an das Mitgefühl der Passanten appellierte.

Ich gehöre zu den Menschen, die an Bettlern nicht achtlos vorbeigehen. Viele Bettler beteuern, dass sie das Geld, das man ihnen zusteckt, für etwas zu essen und nicht für Schnaps oder andere Drogen ausgeben. Ich bin überzeugt, das ist eine Schutzbehauptung. Trotzdem gebe ich immer etwas. Soll man jemandem Geld in die Hand drücken, der sich dafür vermutlich etwas kauft, was ihm schadet? Ich habe beschlossen, dass mich das nichts angeht, schließlich bin ich kein Sozialpädagoge.

Ich erwähne das, weil es in Grenzsituationen nicht unwichtig ist, wie man sich vorher verhalten hat. Wer sein Leben lang geizig war, hat wenig Grund zur Klage, wenn niemand stehen bleibt, sollte er selber plötzlich auf die Mildtätigkeit anderer angewiesen sein. Ich weiß, das klingt jetzt ein wenig eigennützig, aber das ist der Grund, warum ich immer bei Bettlern anhalte und nach Kleingeld suche. Wer weiß, sage ich mir dann, vielleicht sitzt man selbst einmal auf der Straße und hält die Hand auf. Schreiben Sie es meiner Paranoia zu, aber ich will für den Fall, dass vor mir ein Schild mit der Aufschrift »Geschieden, jede Hilfe geschätzt« steht, moralisch gerüstet sein.

Es hatte eine kurze Diskussion gegeben, wer von uns beiden ausziehen sollte, Ella oder ich. Da Ella die Trennung wollte, war es ihre Sache, sich etwas Neues zu suchen, in dem Punkt war ich entschlossen, eisern zu bleiben. Wer geht, der geht, so simpel war das aus meiner Sicht. Sie hatte auch ein paar Alternativen in Augenschein genommen. Aber entweder waren die angebotenen Wohnungen zu klein oder zu teuer, oder sie lagen in der falschen Gegend. Von der Ein-Zimmer-Wohnung in Kreuzberg, die am Anfang zur Diskussion gestanden hatte, war jedenfalls keine Rede mehr.

Ich hätte darauf bestehen können, dass sie ihre Sachen

nahm und mich und die Kinder dem Schicksal überließ. Aber dann kam das Angebot der Nachbarn, und ich wurde schwach. Zwei Stockwerke getrennt von der Familie, das schien mir kein großer Schritt. Wenn ich wollte, konnte ich vom Balkon der unteren Wohnung das Geländer unserer Dachterrasse sehen. Außerdem würde mir eine Auszeit ganz guttun, dachte ich. Sollte Ella ruhig für die Kinder das Abendbrot auf den Tisch bringen und deren Hausaufgaben kontrollieren. Wenn das Verlassenwerden eine gute Seite hat, dann die, dass man Freiheiten zurückerhält, die man mit der Heirat aufgegeben hatte.

Beide Annahmen erwiesen sich als richtig. Ich konnte vom Balkon unsere Dachterrasse sehen. Manchmal hörte ich sogar leises Gelächter und einzelne Wortfetzen, wenn der Wind die Geräusche herunterwehte. Und ich genoss Freiheiten, die zu genießen eben noch unvorstellbar gewesen wäre. Es gab nur eine Sache, die ich nicht bedacht hatte: Sobald man in der Trennungsphase eine Tür hinter sich zuzieht, bekommt man sie nicht mehr auf.

Wer rausgehe, müsse auch wieder reinkommen, lautet ein berühmter Satz des Sozialdemokraten Herbert Wehner, der gerne zitiert wird, wenn es um schwierige Verhandlungen geht. Obwohl Wehner drei Mal verheiratet war, kannte er sich im Scheidungsgeschäft erkennbar nicht aus. Vier Wochen, nachdem ich in den zweiten Stock gezogen war, bat mich Ella, den Schlüssel zu unserem Dachgeschoss abzugeben. Ich hätte ja jetzt meinen eigenen Schlüssel, da sei es nur fair, wenn auch sie alleine über ihre Wohnung verfügen könne.

Scheidungen verlaufen wie der Vorstoß der Deutschen nach Moskau. Ist man einmal im Morast stecken geblieben, geht es nur noch zurück. Die einzige Frage, die offen bleibt, ist die, *wann* es zur Kapitulation kommt, über das *ob* ist in diesem Moment bereits entschieden. Wenn die Geschichte einen Hinweis auf die Dauer gab, bis die Waffen schweigen würden, stand uns noch einiges bevor. Für den Weg, den die Deutschen in drei Monaten in die eine Richtung zurückgelegt hatten, brauchten die Russen anschließend drei Jahre in die andere.

Eine große deutsche Versicherung fragt die Bundesbürger jedes Jahr, wovor sie sich am meisten fürchten. Ganz oben auf der Liste der Ängste stand zuletzt »Terrorismus«, gefolgt von »politischem Extremismus« und »Spannungen durch Zuzug von Ausländern«. »Zerbrechen der Partnerschaft« landete unter den angebotenen Themen auf dem letzten Platz.

Es scheint mir offensichtlich zu sein, dass unser Risikobewusstsein nicht der Realität entspricht. In der »Zeit« habe ich ein Interview mit dem Risikoforscher Gerd Gigerenzer gelesen, in dem der Professor anmahnte, die Deutschen müssten »risikokompetenter« werden, so hat er sich ausgedrückt. Das statistische Risiko, in einem westlichen Land beim Verschlucken eines Kugelschreiberteilchens zu ersticken, ist zum Beispiel um ein Vielfaches höher als das, an einer Terroristenbombe zu sterben. Jedes Jahr kommen allein in Deutschland ungefähr 300 Menschen wegen verschluckter Kugelschreiberteile ums Leben. Kaum etwas ist so irreführend wie Angst. Sogar die Furcht, Opfer einer verheerenden Naturkatastrophe zu werden, rangiert im erdbeben- und tsunamisicheren Deutschland vor der Sorge, dass einem die Ehe um die Ohren fliegen könnte. Ich glaube, der Vorschlag des Risikoforschers hat einiges für sich.

Eine Scheidung ist die finanziell verheerendste Entscheidung, die man in seinem Leben treffen kann, dagegen ist sogar eine Springflut ein vergleichsweise überschaubares Er-

eignis. Wenn Sie Pech haben, steht Ihr Haus nach einer Über-
schwemmung bis zum zweiten Stock unter Wasser, aber wenn
sich das Wasser verzogen hat, haben Sie immer noch Ihr Haus.
Das lässt sich bei einer Scheidung nicht sagen. Tatsächlich ist
die Wahrscheinlichkeit, dass am Ende alles weg ist, weil es die
Schulden mit sich fortgetragen haben, unendlich viel höher
als die Aussicht, dass einem nach einer Trennung wenigstens
das eigene Heim bleibt.

Ich stand mit 49 Jahren finanziell wieder da, wo ich am
Ende meines Studiums gestanden hatte. Jedem Anfang
wohnt ein Zauber inne, heißt es bei Hermann Hesse. Das
gilt sicher auch für den Neustart mit 49, wenn man davon
absieht, dass es einen gewaltigen Unterschied macht, ob man
mit Anfang 50 oder mit 25 pleite ist. Dass auch andere das
so sehen, merkt man spätestens dann, wenn man um einen
Kredit nachfragt. Dass man immer so jung sei, wie man sich
fühle, ist ein Satz, der bei der Berechnung des Ausfallrisikos
keine Rolle spielt, allen Antidiskriminierungsbemühungen
der Politik zum Trotz.

Ich gehöre zu den Menschen, die, wenn sie nicht schlafen können, Dokumentationen auf ntv schauen. Ein belieb-
tes Sujet ist dort das Leben im Nachkriegsdeutschland. Man
sieht Menschen vor erkalteten Ruinen, die sich händerin-
gend fragen, was nun werden soll, nachdem sie alles verloren haben. Ich konnte nur sagen: I can feel your pain! Alles,
was ich in meinem Leben jemals zur Seite gelegt hatte, war
in den Kauf unserer Wohnung in Charlottenburg gegangen.
Wenn mich Freunde fragten, wie es mir gehe, antwortete ich,
im Prinzip gut, es sehe nur so aus, als ob gerade eine englische Fliegerbombe über meinem Haus ausgeklinkt worden
sei. Sie lachten dann. Leider war es kein Scherz, sondern die
bittere Wahrheit.

Zwischendurch war ich so pleite, dass ich Bekannte fragte, ob sie mir mit einem Notdarlehen über die Runden helfen könnten. Solange man nicht rechtskräftig geschieden ist, läuft alles weiter: die Abbuchungen für die Versicherungen, die Jahresgebühr für den Tennisclub, die Zahlungen fürs Auto.

Es hilft einem auch nichts, dass man das gemeinsame Konto hat sperren lassen. Wo nicht beide Ehepartner exakt das Gleiche verdienen, tritt das Gesetz über den Trennungsunterhalt in Kraft. Wenn es um die Auflösung der Ehe geht, ist jedes Detail geregelt, also auch die Frage, wer eigentlich die Rechnungen bezahlt, bis der Scheidungsrichter sein Urteil fällt. Wenn Sie der Hauptverdiener in der Beziehung sind, sollten Sie sich frühzeitig mit dem Gedanken vertraut machen, dass während einer Scheidung alles an Ihnen hängen bleibt.

Der entscheidende Begriff ist hier »eheliche Lebensverhältnisse«. Nach den Vorschriften des Gesetzes kann der Partner verlangen, dass sich an diesen nichts ändert, auch wenn er es war, der die Ehe aufgekündigt hat. Unter »ehelichen Lebensverhältnissen« wird dabei das bis eben noch zur Verfügung stehende Haushaltseinkommen verstanden. Kein Wort über gegenseitiges Vertrauen und emotionale Zuwendung, die für die ehelichen Lebensverhältnisse auch nicht ganz unbedeutend sein sollten. In Scheidungsfragen kann das Gesetz erschreckend materialistisch sein. Oder, wie beim Trennungsunterhalt, ziemlich sozialistisch. Dass dem Wohlhabenderen bis auf einen sogenannten Selbstbehalt alles abgenommen wird, was er verdient, ist ein Prinzip, das auch Sahra Wagenknecht sofort unterschreiben würde.

Leider hat sich der Gesetzgeber weniger Gedanken darüber gemacht, wie der gewohnte Lebensstandard gesichert werden soll, wenn das Einkommen nicht mit den gestiegenen Ausgaben Schritt hält. Aber das kennt man aus der Politik: Wenn es ums Soziale geht, spielt die Finanzierung eine nachgeordnete Rolle.

Ich erinnere mich gut an den Tag, als ich vor einem Geldautomaten stand und anstelle der 200 Euro, die ich abheben wollte, einen Hinweis bekam, dass Barabhebungen leider nicht mehr möglich seien. Wenn es einen Moment gab, an dem ich mir das Schuldprinzip in der Scheidung zurückgewünscht hätte, dann war es dieser. Ich weiß, das ist furchtbar reaktionär, so etwas zu sagen. Die AfD hat vor ein paar Monaten für ihr Wahlprogramm die Mitglieder befragt, was ihnen besonders wichtig sei: 80 Prozent waren dafür, in den Leitantrag die Rückkehr zum Scheidungsrecht aufzunehmen, wie es bis zum 1. April 1977 in Deutschland gegolten hatte, als das Schuldprinzip durch das Zerrüttungsprinzip ersetzt worden ist. Wenn man mir einen AfD-Mitgliedsantrag hingeschoben hätte, verbunden mit der Zusicherung, dass dieser Programmpunkt nach der Machtübernahme als Erstes Berücksichtigung finden würde – ich weiß nicht, ob ich nicht schwach geworden wäre. Wobei Ella sicher der Meinung war, dass die Schuld bei uns beiden lag.

Der Scheidungsanwalt, mit dem ich mich unterhalten habe, kann tolle Geschichten erzählen, auf welche Ideen Menschen während eines Scheidungsverfahrens verfallen.

Eine Frau mischt ihrem Mann Katzenfutter ins Essen.

Ein Mann füttert heimlich den Hund seiner Frau, damit sie auf Hundeschauen nicht mehr mit ihm angeben kann.

Eine Frau ruft bei der Arbeitsstelle ihres Mannes an und sagt: Im vergangenen Jahr, als er krank gemeldet war, da war er in Wahrheit im Urlaub mit seiner Freundin. Was man sich halt so ausdenkt, um Rache zu nehmen. Man muss nur aufpassen, dass man es in der Wut des Augenblicks nicht übertreibt. Der Mann, der von seiner Frau beim Arbeitgeber angezeigt wurde, verlor anschließend seinen Job – und sie darauf viel Geld beim Unterhalt.

Es gibt auch komische Geschichten. Ein Mann wünscht sich von seiner Frau einen größeren Busen. Er nimmt einen Kredit auf und macht einen Termin beim Schönheitschirurgen. In der Klinik verliebt sich die Frau in den Arzt, der die Operation vornimmt, der Arzt findet über sein Werk hinaus ebenfalls Gefallen an der Patientin. Drei Jahre zahlt der Mann noch für den Busen, den jetzt ein anderer bewundert. Dann ist der Kredit getilgt.

Der Mann würde jetzt vermutlich sagen, das war nicht komisch. Aber das ist nur eine Frage des Timings. »Komödie ist Tragödie plus Zeit«, hat Woody Allen einmal gesagt. Wenn es ein Gebiet gibt, auf dem sich die Wahrheit dieses Satzes erweist, dann die Scheidung. Deshalb habe ich ihn dem Buch auch vorangestellt. Manchmal braucht es halt ein wenig Zeit, um die Wahrheit eines Satzes zu begreifen.

Ich habe vor ein paar Monaten noch einmal die Schreiben durchgesehen, die zwischen unseren Anwälten gewechselt wurden. Ich glaube, ich übertreibe nicht, wenn ich sage, dass es die deprimierendste Lektüre meines Lebens war. Ich hatte vergessen, auf welche Ebene der Kleinlichkeit man sinken kann. Jede Geste des Entgegenkommens und der einfachen Freundlichkeit war durch die Gehässigkeit der Paragrafenreiterei ersetzt, so als existiere in einer Scheidung eine Strafe auf Großmut.

Unter den Papieren war auch eine Liste, in der im Einzelnen festgehalten war, was ich an Hausrat und Möbeln mitgenommen hatte, als endlich der Umzug in eine eigene Wohnung anstand. Die Liste begann mit der Lampe aus Fasanenfedern, die ich bei einem Antiquitätenhändler um die Ecke erstanden hatte. Es folgten ein Sofa (Knoll, grau, Herkunft vermutlich China); ein Sessel (Charles Eames, echt); ein Perserteppich (2 mal 3 Meter, Macy's); ein Hochzeitsschrank (ebenfalls China, aber alt); die Hermès-Vase, die mir Ella zum 44. Geburtstag geschenkt hatte; zwei Arbeiten eines kanadischen Fotokünstlers, der im Gegensatz zu seinem Landsmann Jeff Wall leider unbekannt geblieben war; meine Sammlung westafrikanischer Ashanti-Figuren.

Ganz unten stand: »1 Putzeimer, grün«.

Das war der letzte Posten, den ich ausweislich des Schriftstücks, das ich in Händen hielt, bei der Übergabe quittiert hatte.

1 Putzeimer, grün.

Was ist ein Putzeimer wert? Gutes, solides Plastik, nicht in China, sondern in Deutschland hergestellt, TÜV-zertifiziert, wie es sich gehört. Drei Euro? Fünf Euro? Da waren wir also angelangt: bei der Katalogisierung eines grünen Plastikeimers als Wertgegenstand, damit niemand nachher behaupten konnte, er sei bei der Trennung des Hausrats über den Tisch gezogen worden.

Vielleicht verlegt man sich auf das Kleine, weil einem das Große über den Kopf wächst. Das ist wie in der Ehe: Am Ende reicht ein nachlässig abgelegtes Handtuch, um die Sache zur Eskalation zu bringen. An irgendetwas müssen sich die Wut und der Zorn schließlich festmachen.

Im »Rosenkrieg«, dem Scheidungsfilmklassiker mit Michael Douglas und Kathleen Turner, streiten sich die beiden Protagonisten darum, wer die Staffordshirehunde aus Porzellan behalten darf. In unserem Fall war es ein Satz japanischer Messer, der mich alle Contenance aufgeben ließ.

Haben Sie schon einmal mit einem Keramikmesser

Gemüse geschnitten? Wenn nicht, haben Sie etwas verpasst, muss ich zu meiner Verteidigung anfügen. Was immer Sie damit in Angriff nehmen, gerät so dünn wie ein Schmetterlingsflügel. Himmlisch!

Ella hat sich nie besonders fürs Kochen interessiert, auch das gehört aus meiner Sicht zur Wahrheit. Als wir uns kennenlernten, musste ich ihr den Unterschied zwischen Salz- und Pellkartoffeln erklären. Die Keramikmesser habe ich dennoch nie wieder gesehen. Ich sehe mich noch auf den Stufen zu meinem neuen Apartment sitzen und vor Wut ins Handy beißen, weil Ella nicht einsehen mochte, dass die Messer bei mir besser aufgehoben waren als bei ihr.

»Die Messer bleiben bei mir«, sagte sie kühl.

Ich flehte sie an, Einsicht zu zeigen. Ich beschwor sie, diesen lächerlichen Streit nicht auf die Spitze zu treiben. Ich drohte. Ich schimpfte. Ich sagte, dass ich andernfalls auch andere Seiten aufziehen könne.

Sie blieb völlig unbeeindruckt. Es lief wie bei einem unserer typischen Streite ab, nur andersherum: Je mehr ich mich aufregte, desto ruhiger wurde sie. Es war zum Die-Wände-hochlaufen!

Vermutlich war Ella einfach zu der Überzeugung gelangt, dass eine ordentliche Küchenausstattung der erste Schritt war, um die Geheimnisse der Grande Cuisine zu erlernen. Der Erfolg der modernen Küchenindustrie basiert auf dem Versprechen, dass mit dem entsprechenden Gerät die Arbeit gleich doppelt so schnell von der Hand geht. Warum glauben Menschen nur alles, was ihnen die Werbung erzählt?

Manchmal geht es nur darum, dem anderen zu zeigen, dass man noch Macht über ihn hat. Nennen wir es Scheidungsmagie. Solange man an dem Objekt festhält, an das der andere sein Herz gehängt hat, kommt er nicht von einem los. Das ist das Kalkül. Überraschenderweise funktioniert es ziemlich gut.

Der beste Weg, den Bann zu brechen, wäre es, sich von allem zu lösen, was einem einmal wichtig war. Aber das sagt sich so leicht. Wäre es so einfach, die Lage emotionslos zu sehen und entsprechend kühl zu handeln, ließe sich auch ein Großteil an Eifersuchtsdramen, Wirtshaushändeln und Nachbarschaftsstreitigkeiten vermeiden. Dummerweise hinkt die Großhirnrinde dem limbischen System, das unsere Affekte steuert, deutlich hinterher.

Ein berühmter Feuilletonist, der in Deutschland jeden mit Rang und Namen kannte, hat mir einmal erzählt, dass seine erste Frau Autografen von Ernst Jünger verbrannt habe, als die Trennung anstand. Ich habe die Geschichte nicht nachgeprüft. Möglicherweise hatte seine Frau guten Grund, die kostbaren Blätter lieber dem Feuer zu überantworten, als sie ihrem Eigentümer auszuhändigen. Vielleicht war die Vernichtung auch einem Versehen geschuldet. Aber so, wie der berühmte Mann mir über den Vorgang berichtete, spürte man noch Jahre später den Schmerz über den Verlust.

Ist es verrückt, sein Herz an Blätter mit der Unterschrift eines greisen Schriftstellers schillernden Rufes zu hängen? Sicher. Aber Menschen sind auch aufgebrochen, um Salz zu finden und seltene Gewächse, die sie dann nach Hause tragen konnten. Ohne die Liebe zu seltsamen Dingen säßen wir heute noch in der Höhle.

Einmal war ich in unserer Wohnung, um ein paar Aktenordner mit Steuerunterlagen in Empfang zu nehmen. Als Ella kurz in die Küche ging, nutzte ich den Moment der Ablenkung, um die ghanaische Staubfänger-Maske zwischen den Aktendeckeln verschwinden zu lassen. Ich weiß nicht, warum ich ausgerechnet die Maske wählte, *so* viel hatte sie mir bis zu meinem Auszug nun auch nicht bedeutet. Wahrscheinlich wollte ich einfach irgendetwas nach Hause tragen, wie eine Jagdtrophäe, die man unter widrigen Umständen in seinen Besitz gebracht hat.

Leider hatte ich nicht mit Ellas Spürsinn gerechnet. »Was haben wir denn hier?«, fragte sie, als ich mich gerade mit dem Karton vor der Brust Richtung Tür bewegte. Mit erstaunlicher Zielsicherheit zog sie die Maske zwischen den Papieren hervor und hielt sie in die Höhe. Fortan musste ich bei jedem Besuch mit einer Leibesvisitation rechnen.

Dass es mir unter diesen Bedingungen gelungen ist, den Panasonic-Beamer zu repatriieren, dem wir in den guten Zeiten wunderbare Heimkinoabende verdankten, darauf bin ich bis heute stolz. Gut, die Umstände der Befreiungsaktion waren etwas fragwürdig. Ich stiftete eine meiner Töchter an, sich das Gerät unter den Arm zu klemmen, damit wir, wie ich ihr sagte, in gewohnter Qualität weiterhin »Game of Thrones« sehen konnten. Man soll seine Kinder nicht in Scheidungsverfahren hineinziehen, ich weiß. Aber das Ergebnis ist, dass der Projektor heute bei mir steht und nicht bei Ella, was nach einer langen Reihe von Niederlagen endlich mal wieder einen Sieg bedeutete. Ich habe meiner Tochter zum Ausgleich ein Ersatzgerät geschenkt, um mein Gewissen zu erleichtern. Es ist etwas lichtschwächer, aber für den TV-Einsatz durchaus geeignet. Sie wird das, wie ich hoffe, jederzeit bestätigen können.

Ich bin nur froh, dass wir nicht auch noch Haustiere besaßen. Haustiere gelten im Scheidungsfall als Hausrat. Das mag grausam klingen, aber so ist die Rechtsprechung. Wenn man zwei Hunde hat, bekommt jeder einen. Sind es vier, werden sie in Paare geteilt. Klingt fair, ist aber in der Praxis oft ein Drama, weil manche Hundebesitzer an ihren Tieren wie an

Kindern hängen. Würde man Kinder einfach wie Möbelstücke aufteilen? Hierhin der Sessel, dorthin das Sofa? Wohl kaum. Und was soll man tun, wenn es nur einen Hund oder eine Katze gibt? Man kann die Katze schlecht in zwei Teile schneiden.

Das Oberlandesgericht Nürnberg hatte den Fall eines Scheidungspaares zu entscheiden, das vier Hunde besaß. Ursprünglich waren es sechs gewesen, aber zwei waren inzwischen verstorben. Möglicherweise hatte sie der Scheidungskummer hinweggerafft, wer kann das schon so genau sagen. Die vier verbliebenen Tiere, allesamt Labradors, lebten nun bei der Frau, die so geistesgegenwärtig gewesen war, die Tiere nach der Trennung zu sich zu nehmen. Das wiederum wollte der Mann nicht akzeptieren, der einwendete, dass ihm die Tiere genauso ans Herz gewachsen seien wie seiner von ihm getrennt lebenden Gattin. Was also tun? Aufteilen, wie es die Zugewinngemeinschaft eigentlich vorsieht? Die Zuweisung von zwei Hunden an den Ehemann sei dem Rudel nicht zuzumuten, entschied das Gericht nach längerer Beratung. Die Tiere hätten durch den Umzug mit der Ehefrau und den Tod der zwei Mit-Labradors schon genug Veränderungen zu verkraften gehabt, ein erneuter Wohnungswechsel plus Trennung sei ihnen nicht zuzumuten.

Der Mann kann jetzt Umgangsrecht einklagen. Nach einer Entscheidung des Oberlandesgerichts Düsseldorf lässt sich sogar Trennungsunterhalt einfordern. Futter und Tierarztbesuch fallen unter die ehelichen Lebensverhältnisse, die bis zum Moment der Scheidung zu garantieren sind.

Dante hat neun Kreise der Hölle beschrieben. Im ersten Kreis sitzen in stiller Sehnsucht die Weisen und Dichter. Im zweiten Höllenkreis, der Liebeshölle, werden die Sünder von furchtbaren Orkanen gepeitscht. Im dritten Höllenkreis schleppen sich die Gefräßigen durch einen Pfuhl aus Kot. Dahinter öffnen sich die Tore zur unteren Hölle, in der Eis und Feuer über die Büßer niedergehen und mehrköpfige Bestien an den Unglücklichen zerren.

Wenn der Kampf um den Unterhalt beginnt, hat man den inneren Kreis der Hölle betreten. Spätestens an dieser Stelle ist der Punkt erreicht, an dem die meisten Paare jede Zurückhaltung ablegen. Wer jetzt aus Sentimentalität schwach wird, sieht einem Leben in Armut und Verzweiflung entgegen, so prophezeien es einem die Scheidungsspezialisten. Jeder für sich und Gott gegen alle, das ist das Motto, nach dem von nun an operiert wird.

Beim Unterhalt geht es um alles. Die Anwälte haben schauerliche Beispiele von Frauen parat, die nach einem Leben im Dienst für Mann und Kinder an der Ladenkasse stehen, weil er sie für eine Jüngere hat sitzen lassen. Das ist der Albtraum: Erst abgeräumt und dann auch noch ins Elend gestoßen.

Die Ehedauer allein begründet keine Ansprüche mehr, seit die damalige Justizministerin Brigitte Zypries vor zehn Jahren im Handstreich das Scheidungsrecht reformierte. Das ist der wesentliche Unterschied zu früher. Aber das heißt nicht, dass der Unterhalt abgeschafft wäre. Man muss ihn heute nur etwas raffinierter begründen. »Ehebedingte Nachteile« heißt das Zauberwort, das die Anwälte ins Feld führen, wenn sie ihre Rechnung aufmachen. Wer vor Gericht geltend machen kann, dass er ganz anders dastünde, hätte er sich nicht für ein Leben zum Wohle der Familie entschieden, darf weiterhin Unterstützung erwarten.

Da es keine Tabelle gibt, in der man nachschauen kann, über welches Einkommen man verfügen würde, hätte man sich anders entschieden, ist man darauf angewiesen, alternative Lebensläufe durchzuspielen. Kontrafaktische Geschichte nennt man in der Geschichtswissenschaft den Versuch, auf der Basis gesicherter Fakten eine spekulative Wirklichkeit zu entwerfen. Was wäre geschehen, wenn Pontius Pilatus Jesus von Nazareth freigesprochen hätte? Wie sähe die Welt aus, wäre Hitler als Gefreiter in Flandern gefallen? Was in der Wissenschaft als amüsantes, aber etwas unseriöses Gedanken-experiment gilt, ist im Scheidungsrecht das etablierte Verfah-ren. Hätte ich nicht meinen Job gekündigt, um meiner Frau nach Frankfurt zu folgen, würde ich heute eine leitende Stel-lung im Verlagswesen bekleiden. Oder: Wäre ich nicht mit 34 Jahren gleich wieder schwanger geworden, säße ich heute im Vorstandsbüro und nicht auf dem Spielplatz.

Das Interessante an alternativen Lebensläufen ist, dass es in ihnen immer nur aufwärts geht. Sie werden vor Gericht nie hören, dass jemand seinen Job hätte verlieren oder an einen Boss hätte geraten können, der sich als Kanaille erweist. Wenn es um die Frage geht, was das Leben wert ist, auf das man verzichtet hat, gib es auch keine Mobbingopfer oder Burn-out-Fälle. In der Unterhaltsverhandlung ist die Arbeits-welt ein heller, freundlicher Ort, in der jede Anstrengung belohnt wird und die Vorgesetzten stets einen Blick darauf haben, dass man sich gemäß seinen Fähigkeiten entwickelt.

Eigentlich ist »Unterhalt« ein viel zu schwaches Wort, um die elementaren Kräfte zu beschreiben, die in Gang gesetzt werden, wenn sich die Anwälte des Themas bemächtigen. Ich habe mich oft gefragt, warum nicht mehr Menschen nach einer Scheidung zur Waffe greifen. Offenbar ist der Fir-nis der Zivilisation doch dicker, als man gemeinhin glaubt.

Dass man jemanden, der von einem abhängig ist, Unter-stützung schuldet, wenn man ihn im Stich lässt, ist ein mora-lischer Grundsatz, der nahezu einhellig akzeptiert wird, und zwar weltweit. Wer geht, ist in der Pflicht, dafür zu sorgen, dass derjenige, der zurückbleibt, nicht in Armut fällt – so einfach ist das. Aber verlassen werden und trotzdem weiterhin für alles aufkommen müssen? Das überfordert den stärksten Charakter.

Spätestens beim Unterhalt stößt das Zerrüttungsprinzip an seine Grenze. Da können die Experten tausend Mal behaupten, dass an einer Scheidung beide schuld seien (also im Endeffekt niemand). Diese sanfte Weisheit schluckt man so lange widerspruchslos, solange klar ist, dass anschließend jeder seiner Wege geht. Warum noch kurz vor dem finalen Abschied einen Streit über die Schuldfrage vom Zaun brechen? Aber die Lage ändert sich dramatisch, wenn sich herausstellt, dass zwar die Beziehung am Ende ist, aber nicht die finanzielle Verpflichtung gegenüber dem Menschen, der einem die größten Schmerzen zugefügt hat.

Nur ein Heiliger bleibt beim Anblick des Kontoauszugs, der die Niederlage dokumentiert, ungerührt. Die Unterhaltszahlung ist ein Stich, der einen jeden Monat daran erinnert, was einem angetan wurde, ein Stück Ärger in der Torte des Hirns, wie Nora Ephron in Erinnerung an ihre Scheidung geschrieben hat. Man würde dieses Ärgernis ja gerne ignorieren, aber man muss immer wieder in Gedanken dorthin zurückkehren wie zu einer wunden Stelle, die einem keine Ruhe lässt.

Manche Leute reden sich ein, es sei für die Kinder das Beste, wenn sie sich trennen. Sie sagen, dass man den Kleinen nicht länger zumuten sollte, mit ihren Eltern in einer unglücklichen Ehe gefangen zu sein. Doch das ist Selbstbetrug. Kein Kind fühlt sich innerlich leer, weil die Kommunikation in der Ehe erstorben ist. Man hat auch noch nie ein Kind darüber klagen hören, dass ihm die Ehe seiner Eltern keine Chance lasse zu wachsen. Alles, was Kinder wollen, ist die Nähe von Mutter und Vater. Wenn die Familie zerbricht, ist das zerstört, was sie kennen, seit sie auf der Welt sind, und von dem sie ganz selbstverständlich ausgingen, dass es für immer da sein werde. Nun wissen sie, dass alles enden kann, auch die Liebe der Menschen, die sie selber am meisten lieben. Diese Erfahrung lässt nur den Schluss zu, dass man auf nichts im Leben wirklich vertrauen kann, was eine absolut niederschmetternde Erkenntnis ist, wenn man sie zum ersten Mal gewinnt.

Die einzigen Ehen, bei denen es für Kinder besser ist, wenn sie enden, sind solche, in denen sie zum Zeugen von Gewalt werden oder selber Misshandlung erdulden müssen. Aber selbst in diesen Fällen würden es viele Kinder vorziehen, dass die Eltern zusammenbleiben, weil die Vorstellung, dass einer von beiden geht, für sie noch schrecklicher ist als die Realität, in der sie leben.

Eine Scheidung ohne Kinder ist relativ unkompliziert. Nicht schmerzlos, das ist eine Trennung nie, aber unkompliziert. In der Regel haben beide gearbeitet, damit entfällt der Streit um den Unterhalt. Das ist schon mal ein Riesenvorteil. Niemand kann behaupten, dass er aus Rücksicht auf die Familie seine Karriere vernachlässigt habe. Wer es dennoch tut, darf die Schuld dafür bei sich selber suchen. Also keine Verpflichtungen, die über die nächsten Monate hinausgehen, keine Aufrechnereien, wer wem was schuldet. Wenn ich wiedergeboren werde, hätte ich gerne so eine Scheidung. Schlicht, sauber, schnell. Man geht aus der Tür und blickt nicht mehr zurück.

Sobald Kinder da sind, ist nichts mehr einfach. Wenn sie zur Welt kommen, sind sie die Krönung der Beziehung, der

Beweis der Liebe, die man füreinander empfindet. Bei einer Trennung erinnern sie einen jeden Tag an das, was man verloren hat.

Es gibt unzählige Untersuchungen, welche Schäden Kinder bei einer Scheidung nehmen. Schauen Sie nicht genauer hin, wenn Sie sich als Elternteil ernsthaft mit dem Gedanken an eine Trennung tragen. Wer die Ergebnisse liest und danach nicht von seinem Vorhaben abläasst, muss sich seiner Sache sehr sicher sein.

Scheidungskinder haben größere Schwierigkeiten in der Schule. Sie neigen stärker zu Allergien und entwickeln eine höhere Disposition, später an einer Depression zu erkranken. Natürlich wächst auch die Wahrscheinlichkeit, dass sie sich selber einmal scheiden lassen. Es würde mich nicht wundern, wenn man herausfände, dass der Anteil von Scheidungskindern unter Miethaien, Linkspartei-Politikern und Serienkillern besonders hoch ist, so niederschmetternd sind die Zahlen. Angeblich gleicht sich das meiste im späteren Leben wieder aus. Es gibt Langzeitstudien, nach denen sich bei Erwachsenen keine Unterschiede mehr festmachen lassen. Aber kann man dem glauben? Ich bin von Natur aus skeptisch, was wissenschaftliche Erkenntnisse angeht, die dem Zeitgeist entsprechen. Es hieß schließlich auch mal, dass Margarine das Herz schütze und Rauchen gut für die Verdauung sei.

Wer Nachwuchs hat, kommt nicht wirklich auseinander. Das ist das zweite Problem bei einer Scheidung mit Kindern. Immer gibt es etwas, was es zu besprechen gilt. Ein Kind hat sich verletzt. Die Schule hat angerufen, weil die Noten zu schlecht sind. Es braucht schon wieder eine Unterschrift unter ein Attest. Wenn die Kinder aus der Schule sind, setzt sich das Ganze an der Uni fort. Der Semesterbeitrag wurde erhöht. In der Bibliothek sind die Bücher aus, die es für das Tutorium braucht. Im kommenden Jahr steht ein Auslandssemester an. Ich spreche aus Erfahrung.

Das dritte Problem ist, dass man vielleicht aufgehört hat, den Menschen zu lieben, mit dem man verheiratet war, aber man hört nie auf, die Menschen zu lieben, die man gemeinsam in die Welt gesetzt hat.

Manche versuchen eine Lösung zu finden, indem sie auch die Kinder aufteilen. Das eine Kind kommt zur Mutter, das andere zum Vater. Oder man teilt die Zeit: zwei Wohnungen, zwei Kinderzimmer; eine Woche hier, die nächste Woche dort. Kinder hassen das, wie ich nun aus eigener leidvoller Praxis weiß. Sie wollen nicht wie Gartengerät hin und her gerückt werden. Sie wollen auch keine zwei Zimmer haben. Wenn die Welt um sie herum verrückt spielt, dann soll es wenigstens einen Platz geben, an dem sie sich verkriechen können.

Der Tag, an dem Ella und ich die Kinder über die bevorstehende Scheidung unterrichteten, bedeutete den Tiefpunkt. Es war ein Sonntag, wir saßen um den Esstisch. Ich weiß nicht mehr, wer den Anfang machte, vermutlich war es Ella. Ich habe auch vergessen, was von wem genau gesagt wurde. Aber ich erinnere mich noch an das Schweigen, nachdem wir unseren Töchtern eröffnet hatten, dass wir keinen anderen Weg sahen, als die Ehe zu beenden. Die Kinder sahen stumm auf den Tisch. Es gab keinen Protest. Keinen Kommentar. Nicht mal eine Nachfrage.

»Habt ihr Fragen?«, setzte ich nach. »Gibt es irgendetwas, was ihr wissen wollt?«

Die Mädchen schüttelten nur den Kopf.

Wir saßen noch einen Augenblick zusammen, dann fragte eine der beiden: »Können wir aufstehen?« Wir sagten, ja, natürlich. Die zwei erhoben sich, gingen in ihre Zimmer und schlossen leise die Türen.

Später sagte die Ältere, dass sie nicht sonderlich überrascht gewesen sei. Wir Eltern hätten so oft gestritten, sie hätte sich schon so etwas gedacht. Es fehlte nur noch, dass sie mich in den Arm genommen und getröstet hätte. Manchmal ist Verständnis schlimmer als Protest.

Ich bin mir in diesem Fall ziemlich sicher, dass Ella die Situation noch mehr mitgenommen hat als mich. Das Wohl der Kinder ging ihr über alles, daran hat sich bis heute nichts geändert. Sie würde für ihre Töchter den linken Arm hergeben, sollte es die Lage erfordern, und, falls das nicht ausreicht, auch den rechten. Wenn es einen Moment in dem elenden Scheidungsschlamassel gab, vor dem sie wirklich Angst gehabt hatte, dann vermutlich das Gespräch mit Julia und Amelie.

Ich weiß allerdings auch nicht, wie man es hätte besser machen können. Man sagt, was zu sagen ist. Man sagt den Kindern, dass sie nichts dafür können. Dass Mama und Papa sie weiter liebhaben. Dass sie keinen von beiden verlieren werden, weil ihre Eltern immer für sie da sind. Im gleichen Moment weiß man, dass dies Beschwichtigungen sind, hilflose Versuche, den Schlag zu mildern, den man seinen Kindern versetzt hat.

Es gibt entsetzliche Geschichten über Eltern, die ihre Kinder als Waffe benutzen, um sich im Scheidungskrieg einen Vorteil zu verschaffen. Ich hoffe, dass in der Hölle ein spezieller Platz für Scheidungspaare existiert, die den eigenen Nachwuchs als Kindersoldaten rekrutieren. Da die evangelische Kirche die Hölle im Zuge ihrer Selbstsäkularisierung abgeschafft hat, wäre allein das für mich ein Grund, bei den Katholiken einzutreten. Bei der katholischen Kirche kann man wenigstens noch sicher sein, dass Todsünden entsprechend geahndet werden.

Wer den Kampf ums Sorgerecht beginnt, betritt einen Weg, der unweigerlich in der seelischen Finsternis endet. Was sollte es für einen Grund geben, der Mutter oder dem Vater den Umgang mit den eigenen Kindern zu erschweren? Man kann sich einreden, dass der andere nicht mehr in der Lage sei, für die Kinder Sorge zu tragen, oder dass es für alle Beteiligten besser wäre, wenn nur einer die Entscheidungen fällt. Aber das sind Ausflüchte, um sich moralisch zu entlasten. Der wahre Grund ist, dass man den anderen dort treffen will, wo er am wehrlosesten ist. Wenn der Streit ums Geld eine Art Wasserfolter ist, dann ist der Entzug der gemeinsamen Kinder das Messer ins Herz.

Ich muss zu unseren Gunsten sagen, dass Ella und ich nie so weit gegangen sind, die Kinder gegen den anderen in Stellung zu bringen. In dieser Hinsicht ist unser Gewissen rein. Ich kann nicht ausschließen, dass in der Trennungszeit nicht hin und wieder ein böser Satz gefallen ist. Aber im Großen und Ganzen haben wir uns am Riemen gerissen. Zum Glück waren beide Mädchen alt genug, um sich ein eigenes Urteil zu bilden, das erleichterte die Sache zusätzlich. Man kann einer Heranwachsenden nicht mehr vorschreiben, bei welchem Elternteil sie ihre Zeit verbringen soll. Man kann es versuchen. Aber wenn die Pubertät eines lehrt, dann die Begrenztheit elterlicher Erziehungsgewalt.

Ich habe mich nach einem Dreivierteljahr juristischen Stellungskampfes entschieden, den Streit zu beenden. Ich kann sogar das Datum nennen. Es war ein Tag im März. Ich saß bei meinem Freund Adnan, der in der Schlüterstraße in Berlin ein gleichnamiges Restaurant betreibt. Am Sonntag waren wir oft mit der Familie bei ihm gewesen. Als Julia 18 Jahre alt wurde, hatte sie hier mit ein paar Freunden ihren Geburtstag gefeiert, bevor sie mit dem Ausweis der Volljährigen in die Berliner Nacht ging.

Wir sprachen darüber, was für eine höllische Erfahrung eine Scheidung war. Adnan lebte schon seit mehreren Jahren von seiner Frau getrennt. Seine Tochter Schirin saß nachmittags manchmal an einem Tisch neben dem Tresen und machte ihre Hausaufgaben. Er hörte mir geduldig zu, als ich ihm von dem Anwaltskrieg berichtete, in dem wir uns gerade befanden. Dann nahm er mich sanft am Arm und zeigte auf einen Porsche, der vor dem Restaurant parkte.

»Worüber streitet ihr? 100 000 Euro, 120 000 Euro?«, sagte er. »Mach dich nicht unglücklich. Zahl, was zu zahlen ist. Am Ende ist es nur ein Stück Blech, was du verlierst.«

Am nächsten Tag rief ich meine Anwältin an und sagte ihr, sie solle alles vorbereiten, um die Sache zum Abschluss zu bringen.

Es gibt einen Trick, den ich schon seit ein paar Jahren anwende, um mit finanziellen Verlusten umzugehen. Ich habe ihn von dem Wirtschaftsprofessor Richard Thaler, der an der University of Chicago Verhaltensökonomie lehrt.

Thaler hat mit Studenten folgendes Experiment veranstaltet: Stellen Sie sich vor, so lautet die Ausgangslage, Sie sind auf dem Weg zu einem Konzert. Sie haben im Voraus ein Ticket im Wert von 50 Dollar erworben. Bei der Einlasskontrolle stellen Sie fest, dass Sie Ihre Eintrittskarte verloren haben. Was tun Sie: Fahren Sie wieder nach Hause, oder gehen Sie zur Abendkasse und kaufen eine neue Karte? 56 Prozent der Studenten, denen man diese Frage vorlegt, sagen: Nein, noch eine Karte wäre Ihnen zu teuer, sie würden sich lieber auf den Heimweg machen.

In Teil zwei des Experiments wird Teilnehmern die gleiche Situation vorgelegt, allerdings leicht verändert. Sie sind auf dem Weg zu einem Konzert, für das Sie sich vor Ort eine Karte kaufen wollen, heißt es diesmal. Am Kartenschalter stellen Sie fest, dass Ihnen in der U-Bahn 50 Dollar abhandengekommen sind. Kaufen Sie trotzdem Ihr Ticket? Die große Mehrheit der Befragten sagt in diesem Fall: Ja, natürlich, warum sollte ich mir durch den Verlust den Abend verderben lassen? Unter ökonomischen Gesichtspunkten laufen beide Szenarien auf das Gleiche hinaus. Wer sich dazu entscheidet, das Konzert zu besuchen, hat am Ende das Doppelte von dem ausgegeben, was er eigentlich an diesem Abend ausgeben wollte. Dennoch machen die meisten Menschen einen Unterschied zwischen Szenario A und Szenario B.

Die Verhaltensökonomie spricht von »Mental Accounting«. Wir bewerten Summen unterschiedlich, abhängig davon, welcher Verlust uns mehr schmerzt. Man kann diese psychologische Verzerrung auch zu seinem Vorteil nutzen, wie ich festgestellt habe. Ich habe gute Erfahrungen damit gemacht, im Kopf ein Konto anzulegen, auf das man alle Ausgaben verbucht, die einen reuen: die Rechnung für den Schlüsseldienst, der einen in die Wohnung lässt, wenn man sich ausgeschlossen hat; die Stornogebühr für den nicht angetretenen Wochenendtrip; die Reparaturkosten für die Spülmaschine, die plötzlich Wasser spuckt.

Auf meinem mentalen Verlustkonto liegen im Jahr 1500 Euro. Davon bestreite ich gedanklich alle Ausgaben, über die ich mich normalerweise sehr ärgern würde. Wenn am Ende des Jahres etwas übrig bleibt, habe ich das gute Gefühl, im Plus zu liegen, obwohl ich tatsächlich Kosten verursacht habe, die ich hätte vermeiden können. Sie können jetzt einwenden, dass ich mich nur selbst betrüge. Das stimmt. Aber es funktioniert, und zwar sehr gut.

Ich habe auch Adnans Porsche unter den »sunken costs« verrechnet, von denen in der Verhaltensökonomie die Rede ist, den versunkenen Ausgaben, an denen man nichts mehr ändern kann und die man deshalb irgendwie wegbuchen muss. Ich gebe zu, es fiel mir nicht leicht. Der Betrag überstieg deutlich den imaginären Dispokredit, den ich mir eingeräumt hatte. Mein inneres Verlustkonto ist jetzt auf Jahre überzogen. Es brauchte deshalb auch ein wenig Überzeugungsarbeit, bis ich mich so weit hatte, der finalen Abbuchung zuzustimmen.

Vier Wochen nach meinem Gespräch mit Adnan saßen Ella und ich beim Notar, um eine »Scheidungsfolgenvereinbarung« zu unterzeichnen. Das ist eine Art nachträglicher Ehevertrag, in dem geregelt wird, was man vorher zu regeln versäumt hatte. Wir vereinbarten einen Betrag, mit dem alle Ansprüche und Unterhaltszahlungen abgegolten waren. Es war die beste Entscheidung, die ich während unserer Trennung gefällt habe.

Ich mag mir gar nicht ausmalen, wie es mich heute quälen würde, wenn ich jeden Monat auf dem Gehaltskonto den Überweisungsauftrag an meine geschiedene Ehefrau sehen müsste. Und bei der einmal vereinbarten Summe wäre es mit großer Wahrscheinlichkeit nicht geblieben. Es muss nur einer von beiden seinen Job wechseln oder irgendwelche finanziellen Einbußen erleiden, und alles geht wieder von vorne los. Jede berufliche Veränderung setzt neue Verhandlungen über den Unterhalt in Gang, weil sich damit die Berechnungsgrundlage geändert hat.

Ich kann nur jedem, der in meiner Situation ist, zu einem solchen Befreiungsschlag raten, auch wenn das bedeuten sollte, dass man sich bis über die Ohren verschuldet oder das Haus verkaufen muss. Letzteres ist ohnehin irgendwann fällig.

Der Schriftsteller Maxim Biller traf neulich einen Freund, den er ein wenig aus den Augen verloren hatte. Wie sich herausstellte, war der Freund gerade durch eine schwierige Scheidung gegangen.

»Was ist die Ehe?«, fragte Biller, der in der »Frankfurter Allgemeinen Sonntagszeitung« eine Kolumne hat, die den Titel »Moralische Geschichten« trägt und die ihn regelmäßig zu grundsätzlichen Fragen animiert.

»Was die Ehe ist?«, gab der Freund zur Antwort. »Ich kann dir sagen, was die Ehe ist. Man baut ein Haus. Dann verkauft man seine Hälfte des Hauses, um die Frau auszubezahlen, die einen verlassen hat. Das ist die Ehe.«

Ich sehe die Sache nicht ganz so düster. Wäre es anders, hätte ich nach dem Ende meiner erste Ehe nicht gleich wieder geheiratet. Ich tendiere vielleicht zur Zwanghaftigkeit, aber nicht zur Selbstbestrafung.

Sein Haus ist man allerdings für immer los, das stimmt.

In der Parship-Welt

KAPITEL SECHS, *in dem sich der Erzähler in das Reich des Online-Dating begibt und nach einigen Irrungen und Wirrungen den Glauben an die Liebe zurückgewinnt*

Die erste Frau, die ich über Parship kennenlernte, war eine Vertreterin für Kosmetikprodukte. In ihrem Profil stand, dass ihr Männer, die mit ihr Pferde stehlen oder den Tag fangen wollten, gestohlen bleiben könnten. Mir war das auf Anhieb sympathisch. Wer will schon jemanden treffen, dem nichts Besseres als die ausgeleiertsten Klischees einfallen, um sich interessant zu machen? Manche Menschen denken, es sei originell, wenn sie als Lebensmotto »Carpe Diem« oder den Poesiealbumsatz »Lebe deine Träume und träume nicht dein Leben« wählen. Es soll vermutlich sensibel und tiefgründig klingen. Das Problem ist, dass Online-Dating eine Großveranstaltung ist. Wenn man zum zwanzigsten Mal »Carpe Diem« als Sinnspruch liest, kommt er einem nicht mehr tiefgründig, sondern ziemlich abgeschmackt vor.

Auf der Seite von »PSEN8LLW, Vertriebsbeauftragte, 37«, stand: »Ich kann es nicht leiden, wenn Menschen hier dummes Zeug eingeben wie: ›Ich bin so einfühlsam und gehe gern auf dich ein‹, ›ich habe Humor‹, ›das Besondere an mir ist, dass man sich auf mich verlassen kann‹. Mensch, Jungs, das ist GRUNDVORAUSSETZUNG in einer Beziehung und muss nicht extra erwähnt werden. Grauuuusam! Und, nein, ich suche auch keinen Partner, der mehr geben kann, als er nehmen möchte. Außerdem: Kurzarmhemden sowie Treckingsandalen gehen gar nicht, liebe Herren. Hätte Herr Onassis so etwas getragen? Hätte er nicht!«

Ich erklärte PSEN8LLW, dass ich ihre Abneigung gegen Treckingsandalen und Männer, die mit ihr den Tag fangen wollten, gut nachvollziehen könne. Zwei Tage später saßen wir uns bei einem Abendessen gegenüber.

Der Kulturkritik gilt das Online-Dating als Beweis für die Entfremdung unserer Zeit. Leute, die eine Annäherung über das Internet skeptisch sehen, sagen, dass diese Form der Kontaktaufnahme zu unpersönlich und oberflächlich sei und man zu schnell auf Äußerlichkeiten reduziert werde. Das Erste, was mir auffiel, als ich die neue Welt betrat, war die soziale Durchlässigkeit. Wer in seinem Leben Menschen kennenlernen will, mit denen er normalerweise nie in Berührung kommen würde, der ist bei Diensten wie Parship oder Elitepartner genau richtig. Einkommen, Herkunft, Wohnort – das alles spielt hier keine Rolle, es sei denn, man legt ausdrücklich Wert darauf. Wenn es eine Welt gibt, die wirklich »divers« ist, wie das Modewort lautet, dann diese.

Ich sah Jo, wie PSEN8LLW in Wirklichkeit hieß, noch ein paarmal. Wir hatten einige ausgelassene Abende, an denen ich nebenbei alles über das Vertriebsgeschäft und seine Tücken erfuhr. Dann trennten sich unsere Wege. Nach Jo traf ich eine Angestellte bei den Stadtwerken in Leipzig; eine Studentin der Genderwissenschaften, die mir die Lehren Judith Butlers näherzubringen versuchte; eine Staatsanwältin, die schon AfD-Ansichten vertrat, als es die AfD noch gar nicht gab; eine Tanzlehrerin mit einem Faible für Äthiopien und außergewöhnliche Piercings. Ich erzähle das nicht, um mit der Zahl meiner Internet-Bekanntschaften anzugeben, sondern um einen Eindruck zu vermitteln, wie munter es beim Online-Dating zugeht. Dagegen ist jede Regenbogen-Demo zum Christopher Street Day eine traurige Mainstream-Veranstaltung.

Ich meldete mich zwei Wochen nach meinem Auszug aus der gemeinsamen Wohnung bei Parship an. Ich kenne die genauen Zahlen nicht, aber ich vermute, der Anteil der Trennungsopfer unter den Neukunden ist hoch. Wer verlassen wurde, sucht Anerkennung und Bestätigung. Da kommt das Angebot, auf elektronischem Weg in die Single-Welt eingeführt zu werden, gerade recht. Eine Scheidung ist auch keineswegs ein Hindernis im Dating-Geschäft. Ab einem gewissen Alter gilt sogar eher das Gegenteil. Wer mit 40 noch nie verheiratet war, bei dem fragen sich die Leute unwillkürlich, ob er zu den Menschen gehört, die ein Bindungsproblem haben.

Das Angebot war nicht ganz billig, es kostete mich 34,90 Euro im Monat. Man kann es billiger haben. Man kann sich auf Lovescout24 registrieren lassen, wo man schon für die Hälfte dabei ist, oder bei Tinder, da zahlt man gar nichts. Dafür bieten einem diese Seiten auch deutlich weniger Hilfe bei der Auswahl möglicher Partner.

»Wer länger dabei ist, lernt Auswahl zu schätzen«, sagte Sahra. »Ein unglücklich verlaufendes Blind Date kann einem sehr, sehr lang vorkommen.«

Sahra nimmt für sich in Anspruch, mich auf die Idee mit Parship gebracht zu haben. Sie hat mich vor Kurzem noch einmal in einer Mail daran erinnert. Sahra hat die Dinge gerne unter Kontrolle. Es verschafft ihr ein gutes Gefühl, wenn sie den Eindruck gewinnt, das Leben ihrer Freunde in die richtige Richtung gelenkt zu haben.

Sahra ist seit sieben Jahren glücklich mit einem erfolgreichen Immobilienanwalt verheiratet. Sie würde das Wort »glücklich« vermutlich mit einem Fragezeichen versehen, nicht weil sie an der Liebe ihres Mannes zweifelt, sondern weil ihr wie vielen Frauen, die sich mit der Kindererziehung allein gelassen fühlen, der Alltag zwischen Arbeit und Zuhause immer wieder über den Kopf zu wachsen droht. Ich habe nicht den Hauch einer Ahnung, woher sie ihre Expertise im Dating-Geschäft bezieht. Auf der anderen Seite kann sie einem mit der gleichen Gewissheit, mit der sie einen zu Parship lotst, auch sagen, wie man einen Förderantrag für eine TV-Dokumentation über das Leben klimaneutral lebender Eskimos in den Außenbezirken von Montreal so aufsetzt, dass das Medienboard Berlin-Brandenburg nicht umhin kann, den Antrag umgehend zu bewilligen. Damit verglichen ist Online-Dating wiederum eine vergleichsweise konventionelle Angelegenheit.

Es gibt andere Wege, jemanden Neues kennenzulernen, als über eine Partnerbörse, auch das ist wahr. Man kann darauf warten, dass man auf einer Party angesprochen wird. Oder hoffen, dass sich Freunde erbarmen und ein Abendessen arrangieren, zu dem sie jemanden einladen, von dem sie glauben, dass er zu einem passen könnte.

»Du musst unbedingt Anna kennenlernen. Sie kann übrigens dein letztes Buch fast auswendig, so oft, wie sie daraus zitiert«, sagte meine Freundin Marion und zwinkerte mir verschwörerisch zu. Marion hat nach ihrer Schulzeit zwei Jahre in Poona als Sannyasin verbracht. Sie ist sehr stolz auf ihre Menschenkenntnis. Ich wagte es nicht, ihr zu sagen, dass ich Frauen, die seitenweise aus konservativen Büchern zitieren können, eher suspekt finde.

»Setzt euch doch nebeneinander«, hieß es, als sich Anna und ich zu einem Abendessen im kleinen Kreis einfanden. Schon vor dem Hauptgang ging uns der Gesprächsstoff aus, obwohl sogar unsere Aszendenten günstig standen.

»Oh, ich glaube, jetzt haben wir doch alle zu viel von dem wunderbaren Wein getrunken«, erklärte Marion aufgekratzt, als es Zeit zum Aufbruch war. »Ich könnte euch ein gemeinsames Taxi rufen, ihr müsst ja in dieselbe Richtung.« Sahra hat recht: Blind Dates können einem sehr lang vorkommen, auch wenn sie arrangiert sind.

Es entspricht unserer Vorstellung von Romantik, sich bei der Partnerfindung dem Schicksal anzuvertrauen und nicht dem Algorithmus eines Online-Dienstes. Leider hat diese klassische Form der Anbahnung den Nachteil der kleinen Zahl. Je exklusiver wir die Menge möglicher Kandidaten halten, desto geringer ist die Chance eines Treffers. Auch Erfolg in der Liebe ist am Ende eine Sache der Stochastik. Deshalb sind Partnerbörsen ja so erfolgreich.

Es ist nicht schwer, Zugang zur Parship-Welt zu finden. Man muss nur einen Fragebogen ausfüllen und ein Foto online stellen. Die digitalen Datinghelfer gehen diskret vor. Die Antworten auf die Fragen sieht jeder, der sich auf der Seite angemeldet hat, komplettiert mit Angaben zu Alter, Beruf, Körpergröße, Familienstand, Ausbildung, Wohnort und Sprachkenntnissen. Das Foto hingegen bleibt zunächst verschwommen, eine reizvolle Andeutung des äußeren Erscheinungsbildes, in das der Betrachter alles an Wünschen hineinlesen kann, was ihm in den Sinn kommt. Im Grunde geht es zu wie bei einem venezianischen Kostümball, wo die Teilnehmer ihr Gesicht hinter einer Maske verbergen, um ihre Identität zu schützen. Erst wenn ein Kontakt so weit etabliert ist, dass man sich offenbaren will, tritt man aus der Anonymität heraus. Das Foto, das bis eben nur in Konturen zu erkennen war, stellt sich auf Knopfdruck scharf.

Ich habe einige Zeit mit der Erstellung meines Parship-Profils verbracht. Man will nicht zu viel von sich preisgeben. Anderseits darf man auch nicht zu unverbindlich bleiben. Lustig und spontan soll es klingen, was man über sich schreibt, gleichzeitig nachdenklich und irgendwie auch gefühlvoll. Schließlich will man nicht einen möglichen Arbeitgeber von sich überzeugen, sondern jemanden, mit dem man im Idealfall den Rest seines Lebens verbringt.

Was antwortet man zum Beispiel auf die Frage: »Das sollte mein Partner über mich wissen«? Was sind die »drei Dinge, die mir wichtig sind«? Und was, in Gottes Namen, wäre ich, »wenn ich ein Kunstwerk wäre«: ein Mobile von Calder oder eher ein Sonnenblumen-Siebdruck von van Gogh? An einem Punkt zog ich eine Freundin zurate, die sich auf das Schreiben von Frauenromanen spezialisiert hat. Wenn man jemanden zu seinen Bekannten zählt, der sich nachweislich mit der weiblichen Psyche auskennt, dann muss man das doch nutzen. Nach längerem Hin und Her kamen wir überein, dass ich mich ruhig dazu bekennen sollte, dass ich Unpünktlichkeit hasse. Das klinge zwar ein wenig zwanghaft, befand die Frauenromanexpertin. Anderseits könne Zwanghaftigkeit durchaus anziehend wirken. Gegen eine gewisse Obsession, was Ordnung und Sauberkeit angehe, habe keine Frau etwas einzuwenden.

Bei der Frage, was eine schräge Vorliebe von mir sei, versuchte ich es mit einem Hinweis auf meine Begeisterung für Veronica Ferres: »Eine Bekannte aus Hamburg sagt, ich solle ruhig schreiben, dass ich Veronica Ferres mag«, erklärte ich.

»Sie meint, das sei ehrlich, und Ehrlichkeit sei immer gut, auch wenn das in diesem Fall natürlich abschreckend wäre, weil die meisten Frauen die Ferres schrecklich fänden, sie inklusive.« Merkwürdigerweise bekam ich darauf von Parship eine Mitteilung, dass dieser Inhalt nicht freigegeben werden könne, ich möge meine Eingabe bitte überarbeiten. Keine Ahnung, was an meinem Eintrag so anstößig war. War es der Hinweis, dass viele Frauen Veronica Ferres schrecklich finden, der die Zensoren auf den Plan gerufen hatte? Man kann auch bei Datingdiensten geblockt werden, wie ich bei der Gelegenheit lernte, nicht nur bei Twitter und Facebook.

Es gibt Menschen, die Stunden auf den Online-Seiten verbringen. Jeder Tag spült einem neue Kontaktangebote in den Mailordner. »Dieses Mitglied interessiert sich für Sie«, heißt es in der Betreffzeile. Wer könnte so einem Satz widerstehen? Dem elektronischen Auge des Datingportals ist nicht entgangen, dass sich eine »Dipl.-Betriebswirtin, 40, humorvoll« mit dem dort eingestellten Profil beschäftigt hat. Auch »Augenoptikerin und Eyewear, 52, attraktiv« und »Juristin, 38, weltoffen« haben länger draufgesehen, worüber einen der Dienst nun freundlich unterrichtet, verbunden mit der sanften Aufforderung, doch bei Gelegenheit selber die Interessenten in Augenschein zu nehmen. 1,5 Millionen Deutsche melden sich jedes Jahr bei Parship an, wie ich gelesen habe, eine halbe Million sind es bei Elitepartner, der zweitgrößten Dating-Webseite. Das sollte reichen, um jemanden für ein Blind Date zu finden. Direkt unter Foto und Berufsangabe gibt es eine Zeile, der man entnehmen kann, wann der Betreffende zuletzt online war. So unterscheidet man die Gelegenheitsnutzer von denen, die die Sache wirklich ernst nehmen. Auch Dating kann zur Profession werden.

Ich habe lange gehofft, ich könnte meine Frau zurückgewinnen. Ich schrieb ihr Briefe, in denen ich schwor, ein neuer Mensch zu werden. Ich sagte der Anwältin, sie solle nicht zu harsch vorgehen, weil das die Chancen auf eine Versöhnung schmälern würde.

Es gibt anders als behauptet *doch* Paare, die über ein Scheidungsverfahren wieder zusammengefunden haben. Das bekannteste Ehepaar, dem das gelungen ist, sind Bettina und Christian Wulff. Wer nach Inspiration in schier auswegloser Situation sucht, ist bei den Wulffs an der richtigen Adresse. Die zwei haben alles durchgemacht, was man als Paar durchmachen kann. Erst das Trauma der öffentlichen Demütigung. Dann ein Buch, in dem sie sich von der Seele schrieb, was sie in der Ehe an Vernachlässigung hatte erdulden müssen. Anschließend eine Reihe von Affären, die in mehr oder weniger großer Detailgenauigkeit öffentlich wurden. Irgendwann hörte man nichts mehr von den beiden, und dann stand in den Zeitungen die Meldung, Herr und Frau Wulff hätten wieder zusammengefunden. Keine Ahnung, wie sie das hinbekommen haben: Sie haben meine volle Bewunderung.

Dass der tiefe Fall des Bundespräsidenten seinen Anfang in einer Scheidungsgeschichte nahm, ist ein Teil des Vorgangs, der nie die Beachtung fand, die ihm gebührte, wie ich immer fand. Viel war in den Krisentagen vom Hang des Präsidenten zum Luxus die Rede, aber das war schon damals Unsinn. Die Wahrheit ist, dass Wulff nach der Trennung von seiner ersten Frau Christiane so abgebrannt war, dass er jede Einladung von Freunden dankbar annahm. Ein Ministerpräsident verdient nicht schlecht. Aber wenn alle Unterhaltszahlungen beglichen sind, bleibt auch bei einem Spitzenpolitiker nicht mehr so viel, dass es für ein sorgloses Leben reicht. Selbstverständlich wollte Wulff kein Schuft sein, als es im Scheidungsverfahren an die Aufteilung des Vermögens ging. Außerdem war er als Politiker nicht in der Lage, den Forderungen seiner Ex-Frau wirklich etwas entgegenzusetzen. Ein Interview bei »Bild« oder »Bunte«, und er wäre erledigt gewesen. Also stimmte er allem zu, was von ihm verlangt wurde. Rechnen Sie es meinem Mitgefühl als Scheidungsbetroffener zu, aber ich habe sofort Verständnis gehabt, als ich die Enthüllungen über Gratis-Urlaube und Schnäppchen-Kredite las.

Lohnt es sich, zusammenzuhalten? Von den Paaren, die trotz größter Schwierigkeiten beieinandergeblieben sind, sagen später 40 Prozent, dass sie froh seien, nicht die Scheidung beantragt zu haben. Man muss einschränkend hinzufügen, dass Menschen es sich ungern eingestehen, wenn sie einen Fehler gemacht haben oder das Leben anders verlaufen ist, als sie es gerne gehabt hätten. Man kennt das von kinderlosen Paaren, die das Unvermögen, Kinder in die Welt zu setzen, nachträglich zur Willensentscheidung umdeuten. Aber selbst wenn man die Selbstrechtfertigungen abzieht, ist die Zahl derer, die froh sind, durchgehalten zu haben, erstaunlich hoch.

Wie viele Menschen ihren Entschluss, sich scheiden zu lassen, später bereuen, ist schwieriger zu sagen. Dazu gibt es keine Erhebungen, jedenfalls habe ich keine gefunden. Aber wenn ich Umfragen im Bekanntenkreis zur Grundlage nehme, dann ist das Ergebnis gemischt, bestenfalls. Eine Kollegin, seit 16 Jahren verheiratet, trotz aller Probleme, berichtete mir über sechs Trennungen, die sich in ihrem Freundeskreis über die vergangenen fünf Jahre ereignet haben. Allesamt Frauen, die an einem Punkt angelangt waren, wo sie nicht mehr wollten. Alle über 40. Von den sechs Freundinnen habe eine wieder einen Mann gefunden, so die Zwischenbilanz. Die anderen fünf seien Single geblieben, mit schwindender Aussicht, dass sich daran noch einmal etwas ändert. Zwei seien nach wie vor überzeugt, die richtige Entscheidung getroffen zu haben. Vier bereuten ihren Entschluss inzwischen.

Jeder kennt Buyer's Remorse, das peinigende Gefühl, bei einer wichtigen Entscheidung die falsche Wahl getroffen zu haben. Als wirksames Gegenmittel hat sich die »Money Back Guarantee« erwiesen, weil sie dem Konsumenten das Gefühl nimmt, in eine Falle geraten zu sein. Die Unabänderlichkeit einer Kaufentscheidung verursacht in der Regel großes Unbehagen, nicht die Entscheidung selber. Man müsste auch für Ehen eine »Money Back Guarantee« einführen. Wer weiß, vielleicht blieben dann mehr Menschen zusammen.

Ich kann Ella nicht den Vorwurf machen, mich im Unklaren gelassen zu haben, dass es ihr mit ihrem Entschluss ernst war. Sie blieb freundlich, wenn wir uns sahen – so freundlich wie die Apothekerin, die einem nachts durch das kleine Glasfenster in der Tür die benötigten Medikamente reicht. Einmal, als es mir besonders schlecht ging, rief ich an und fragte, ob ich sie sehen könne. Sie willigte nach kurzem Zögern ein vorbeizukommen. Sie schaute sich die Zweieinhalb-Zimmer-Wohnung an, die ich eine Woche zuvor bezogen hatte. Wir setzten uns auf das Sofa, das bis eben in unserer gemeinsamen Wohnung gestanden hatte. Ich erklärte ihr, wie sehr ich sie noch immer lieben würde. Sie hörte interessiert zu. Nach einer halbe Stunde sah sie auf die Uhr und sagte, sie habe leider eine Verabredung. »Dantons Tod« im Deutschen Theater. Oder war es »Woyzeck«? Ich bin mir ziemlich sicher, es war in jedem Fall Büchner. Marc liebte Büchner!

Die Psychologie rät einem, sich mit dem Unabwendbaren abzufinden. Aber wo fängt man an? Schon die Entfernung des Eherings ist eine größere Operation. Sie denken jetzt vielleicht: Nichts einfacher als das. Dann nimmt man den Ring halt ab und steckt ihn in die Schublade oder vergräbt ihn im Garten. Aber auch Finger nehmen zu, das ist die traurige Wahrheit. Man merkt es nicht gleich, weil die Haut ein sehr elastisches Organ ist. Doch sobald man versucht, den Ring abzustreifen, zeigt sich, dass über die Jahre nicht nur der Bauchumfang wächst.

Es gibt zwei Kategorien von Eheringträgern: Dauerträger und Gelegenheitsträger. Ich gehöre zur Gruppe der Menschen, die ihren Ehering nie abnehmen, auch nicht im Bett, auch nicht zum Waschen. Wo soll man ihn auch sicher verwahren? Am Waschbecken? Auf dem Nachttisch? Eine falsche Bewegung, und er liegt am Boden oder im Abfluss. Außerdem bin ich abergläubisch. Wer seinen Ring ablegt, schwächt die Kraft des Ehegelübdes. Der amerikanische Juwelier Jason of Beverly Hills hat einen Ehering entworfen, der auf der Innenseite so graviert ist, dass er das Wort »married« auf der Haut des Trägers hinterlässt. Wenn man den Ring abzieht, bleibt der Abdruck noch für einige Zeit sichtbar. Das wäre eventuell eine Alternative.

Ich ging zu Wempe am Ku'damm. Ich habe bei Wempe meine erste richtige Uhr gekauft, ein Schweizer Fabrikat mit Lederarmband und mechanischem Uhrwerk, später dann einen Diamantring für Ella, als sie mit unserer ersten Tochter schwanger war. Natürlich hätte ich auch irgendein Schmuckgeschäft um die Ecke aufsuchen können. Aber wenn man sich schon von seinem Ehering trennen muss, dann bei einem Juwelier seines Vertrauens.

»Ich muss mich von meinem Ehering trennen«, sagte ich zu der Verkäuferin, einer jungen Frau mit einem munter wippenden Pferdeschwanz, die erwartungsvoll lächelnd auf mich zukam und fragte, wie sie mir helfen könne.

»Ich war 15 Jahre verheiratet«, fügte ich hinzu, so als verleihe diese Information der Angelegenheit mehr Dringlichkeit.

Ich wurde zu einem der kleinen Tische geführt, an denen den Kunden normalerweise Schmuck zur Begutachtung vorgelegt wird. Die Verkäuferin schaute jetzt nicht mehr fröhlich, sondern so, als hätte ich ihr offenbart, dass mir nur noch wenige Wochen zu leben blieben. Sie fragte mit leiser Stimme, ob ich etwas trinken wolle, einen Kaffee vielleicht oder Wasser. Ich antwortete, dass ich bereits genug getrunken hätte.

»Es ist wirklich ein schöner Ring«, sagte sie.

Sie seufzte tief.

»Mein Gott, das ist so traurig.«

Es war nicht ganz klar, ob sie mein Schicksal meinte oder dasjenige, welches dem Schmuckobjekt bevorstand. Dann holte sie aus einer Schublade eine kleine Säge.

Ich war überrascht zu sehen, dass ein Juwelier wie Wempe für einen Fall wie meinen gerüstet war. Es hätte mich interessiert zu erfahren, ob es öfter vorkam, dass Menschen von Ringen befreit werden mussten, die sie nicht mehr ohne fremde Hilfe abstreifen konnten. Aber ich traute mich nicht zu fragen.

Vorsichtig nahm die Verkäuferin meinen Finger in ihre Hand. Die Hand war überraschend warm. Vielleicht bildete ich mir das nur ein, aber ich hatte den Eindruck, dass ein Wort von mir genügte hätte, und es wären Tränen geflossen. Eben noch war ich stolz darauf gewesen, dass ich endlich den Mut aufgebracht hatte, den Tatsachen ins Auge zu sehen. Jetzt fühlte ich mich wie ein Heiratsschwindler, der etwas Heiliges mit Füßen trat.

Ich hielt ganz still, während die Verkäuferin die Säge ansetzte, schließlich wollte ich nicht riskieren, dass ich ihr zu allem Überfluss auch noch den Tisch vollblutete. Nach drei Sägebewegungen legte sie das Werkzeug zur Seite, holte ein schwarzes Papiertütchen hervor und ließ den aufgeschnittenen Ring hineingleiten. Als ich sie fragte, ob ich ihr für ihre Hilfe etwas schuldig sei, winkte sie stumm ab. »Viel Glück«, hauchte sie und reichte mir das schwarze Tütchen.

Man sollte die Aufgabe, Eheringe zu entfernen, nur Damen im fortgeschrittenen Alter zumuten, dachte ich, als ich das Geschäft verließ. Ältere Frauen haben die notwendige Schicksalsergebenheit, um die Sache wie ein Zahnarzt durchzuziehen. Wenn sie Tränen vergießen, dann allenfalls wegen des schönen Rings, der nun entzwei ist.

Wie jeder, der länger bei Parship dabei ist, entwickelte ich Techniken, die Neuzugänge zu sichten. Man kann die verfügbaren Singles nach Regionen sortieren, nach Bildungsabschluss und nach Alter. Außerdem gibt es einen Filter für Körpergröße, bei dem sich von 141 cm bis 211 cm auf den Zentimeter genau einstellen lässt, welches Maß man von seinem künftigen Partner erwartet. Da die Angaben auf Selbstauskunft beruhen, ist auf die Genauigkeit hingegen nur bedingt Verlass. Es ist ja überhaupt eine schwierige Frage: Wie ehrlich soll man in der Selbsteinschätzung sein?

Am meisten gelogen wird beim Alter. Vor allem Männer über 40 machen sich gerne ein paar Jahre jünger. Auch bei der Körpergröße werden schnell mehrere Zentimeter dazugemogelt. Eine Bekannte, die seit zwei Jahren im Internet auf Partnersuche ist, hat schon erlebt, dass jemand zehn Zentimeter kleiner war als versprochen. Weil sie es wichtig findet, dass der Mann die Frau körperlich überragt, hat sie sich angewöhnt, beim ersten Date flache Schuhe zu tragen, damit das Treffen nicht gleich zur Enttäuschung wird. Sie ist 1 Meter 72 groß. Das sollte zu schaffen sein, denkt sie. Aber dann taucht wieder einer auf, der im richtigen Leben bloß 1 Meter 70 misst.

Offenbar meinen Männer, dass sie mit ihrem ungeheuren Charme den ersten Betrug wettmachen können. Sind ja nur ein paar Zentimeter, sagen sie sich. Dass sie die Beziehung mit einer Lüge begonnen haben, auf den Gedanken scheinen sie nicht zu kommen.

Während Frauen sich in der Anfangsphase einer Beziehung zu stark selbst infrage stellen, neigen Männer zur Selbstüberschätzung, das ist jedenfalls meine Beobachtung. Man kann das auch bei Single-Treffen sehen, wo die Kerle dröhnend von ihren Erfolgen berichten, anstatt ausnahmsweise mal eine Frage an die Frau zu richten, der sie gerade zum ersten Mal begegnet sind. Ich habe einen Blick für Blind Dates entwickelt. Man erkennt an Kleidung und Körperhaltung, wenn sich in einem Café zwei Menschen gegenübersitzen, die eine Partnerbörse zusammengeführt hat. Am liebsten würde ich den Typen, der das große Wort führt, bei den Schultern packen und ihm sagen, dass er dabei ist, die Sache auf Grund zu setzen. Der Profi nimmt sich zurück. Er ist interessiert und aufgeschlossen, selbst wenn er die Geschichte, die er hört, schon ein paarmal so oder so ähnlich gehört hat. Auch das ist ein kleiner Betrug, keine Frage, aber dieser fällt unter die Regeln der Höflichkeit.

Frauen würden beim Gewicht schummeln, wenn sie die Möglichkeit hätten. Was für den Mann die Körpergröße, ist für die Frau die Körperfülle. Aber da es keine Rubrik gibt, wo genaue Kilo-Angaben verlangt werden, geraten sie nicht in Versuchung. Das Einzige, was der Vermittlungsdienst erwartet, ist eine allgemeine Beschreibung der Figur. Zur

Auswahl stehen: »schlank«, »athletisch«, »normal«, »ein paar Kilos mehr«, »stattlich«. Man kann gegen das Online-Dating viel einwenden, »Bodyshaming« gehört nicht dazu. Wo selbst wirklich dicke Menschen noch als »stattlich« durchgehen, muss sich niemand Sorgen machen, dass die Leute wegen ein paar Pfunden mehr oder weniger Essstörungen entwickeln.

Wer sich länger in der Datingwelt tummelt, erlebt die verrücktesten Sachen. Meine Freundin Flo bekam Ganzkörperbilder zugeschickt, nachdem sie sich bei Tinder angemeldet hatte. Und nackte Penisse. Ich wollte es erst nicht glauben, bis sie mir ihre App zeigte. Wie ausgetickt muss ein Mann sein, um vor dem ersten Treffen sein Geschlechtsteil zu schicken? Wer der Überzeugung anhängt, dass zwischen Frauen und Männern im Prinzip keine wesentlichen Unterschiede bestehen, den kann ich nur einladen, einen Blick auf eine sogenannte Flirtseite zu werfen. Der Mann, der mir glaubhaft nachweisen kann, dass ihm eine Frau ein Bild ihres Geschlechtsteils zum Zwecke der Beziehungsanbahnung geschickt hat, bekommt von mir einen Preis.

Wo Männer zu forsch sind, neigen Frauen zu unerwarteter Offenheit. »Ich bin eine transsexuelle Frau, die aufgrund ihres Lebenswunsches fast immer nur enttäuscht wurde.« Das ist als Statement natürlich ein Hammer. Nur, was soll man auf so einen Satz antworten? »Ich finde Menschen toll, die schon auf ihrer Online-Seite klarmachen, wie sehr sie das Leben gebeutelt hat« – so vielleicht?

Humor scheint überhaupt ein grundsätzlicheres Problem zu sein. Zwar ist ständig die Rede davon, dass man sich einen humorvollen Partner wünsche, aber die meisten Einträge sind so abgefasst, als ob auf Witz und Selbstironie Erziehungslager stehen würde. Offenbar halten gerade Frauen

Humor und Romantik für inkompatibel. Oder sie glauben, dass Männer keine Zwischentöne verstehen.

»Ich wünschte, Sie könnten sehen, wie sich Frauen auf meiner Seite der Dating-Welt präsentieren«, schrieb ich der Parship-Bekanntschaft, die sich über die Kontaktanfragen von Männern beklagt hatte, die mit ihr im Kurzarmhemd den Tag fangen wollten. »Alle Frauen, die nach einem Mann fürs Leben suchen, scheinen irgendwie versessen auf ein Wochenende mit ›gutem Rotwein‹ und ›leckerem Essen‹. (Wenn das der Gipfel des Glücks ist, warum dann eine Mitgliedschaft bei einer Online-Agentur? Das kann man billiger haben.) Außerdem steht bei der Beschreibung des perfekten Tages ständig das Fenster offen, durch das die Sonne scheint, und irgendwo liegt immer ein Buch, in dem später ›geschmökert‹ wird. Milchkaffee am Bett spielt auch eine große Rolle.« Ich habe jetzt eine Ahnung, warum Joghurtwerbung funktioniert. Wir Menschen bilden uns ungeheuer viel auf unsere Einzigartigkeit ein, doch in Wahrheit sind unsere Wünsche und Sehnsüchte sehr viel gewöhnlicher, als den meisten von uns bewusst ist.

Was sind die Chancen, den Menschen fürs Leben zu finden? Der Mathematiker Peter Backus kam zu dem Ergebnis, dass es in der Milchstraße mehr intelligente Lebensformen gebe als Frauen, die für ihn auf Erden als Freundin infrage kämen. In einem Aufsatz mit dem Titel »Warum ich keine Freundin habe« stellte er folgende Kalkulation an: Frauen, die in der Nähe leben (London): 4 Millionen. Frauen, die dabei das richtige Alter haben (20 Prozent): 800 000. Anteil der Frauen, die Single sind (50 Prozent): 400 000. Frauen mit Hochschulabschluss (26 Prozent): 104 000. Frauen mit Hochschulabschluss, die man hinreichend attraktiv findet

(5 Prozent): 5200. Frauen, die einen selber attraktiv finden (ebenfalls 5 Prozent): 260. Davon Zahl der Frauen, mit
denen man auskommt (10 Prozent): 26.

26 Frauen, die als potenzielle Partnerinnen übrig bleiben:
Dagegen sind die Chancen, einem Alien zu begegnen, mit
dem man kommunizieren kann, in der Tat größer. Wissenschaftler gehen davon aus, dass sich die Zahl außerirdischer
Lebensformen in unserer Galaxie auf etwa 10 000 beläuft.

Dating ist ein Zahlenspiel. So sagt es einem keiner, aber
das ist die Wahrheit. Ist der Pool denkbarer Kandidaten groß
genug, dann stehen die Chancen, dass es zu einem Treffer
kommt, gar nicht schlecht. Leider arbeiten die meisten Menschen daran, die Auswahlmenge möglichst klein zu halten,
weil sie der irrigen Annahme unterliegen, sie würden so ihre
Chancen auf das richtige Match verbessern.

Meine Cousine hat nach zwei Treffen mit einem Mann
Schluss gemacht, weil er ein schwarzes Hemd zu hellem
Anzug trug. Schwarzes Hemd gehe gar nicht, erklärte sie
mit der Überzeugtheit einer Frau, die gerade einen Käfer
aus ihrem Salat gefischt hat.

Einer fluchte beim Autofahren. Ein anderer fiel raus, als
er zu einem Date in einem Jack-Wolfskin-Pullover erschien.
Dann gab es für eine Zeit lang Jakob. Jakob war sehr nett,
es schien gut zu laufen. Alle machten sich Hoffnungen –
bis Jakob beim Essen im Familienkreis die Ellbogen auf den
Tisch legte und sie dort bis zum Ende des ersten Ganges liegen ließ. Damit hatte sich auch diese Geschichte erledigt.

Eine gewisse Berühmtheit hat die Liste erlangt, die ein
junger Mann auf der amerikanischen Dating-Website »OK
Cupid« einstellte, um unerwünschte Kontaktanfragen zu entmutigen. Einige der Punkte, die er unter der Überschrift
»Schreib mir nicht, wenn …« aufführte: »Schreib mir nicht,

wenn du grundlos Spinnen tötest«, »… ein Tattoo besitzt, das du nicht ohne Spiegel sehen kannst«, »… die Doors hörst«, »… ›Cosmopolitan‹ liest«, »… du schockiert darüber bist, dass Menschen immer zynischer werden«, »… du den Begriff ›foodie‹ benutzt«, »… deine Fotos mehr als zwei Jahre alt sind«, »… du daran glaubst, dass du in 15 Jahren mehr oder weniger so gut aussehen wirst wie heute und dich entsprechend benimmst«.

Ich wünschte, ich könnte von mir sagen, dass ich keine Vorurteile habe. Mir verursacht es körperliches Unbehagen, wenn ich sehe, wie jemand Punkt und Komma wie mit dem Salzstreuer verteilt oder Satzzeichen ganz weglässt, so dass der Text wie eine Lache Erbrochenes aussieht. Kann man als Journalist jemanden als Partner in Betracht ziehen, der »recherchieren« ohne »e« nach dem »i« schreibt? Ernsthafte Frage. Eine Rechtschreibschwäche mag unbedeutend erscheinen, aber wenn es um den Menschen geht, mit dem man eine Familie starten will, möchte man lieber auf Nummer sicher gehen. Wenn schon »recherchieren« danebengeht, mag man sich nicht vorstellen, wie Rhythmus aussähe.

Wir sind furchtbar tolerant. Nur Rassisten oder Nazis haben ein Problem mit Unterschieden. Aber sobald es um den künftigen Partner geht, sind wir alle ein bisschen Pegida. Dann haben wir genaue Vorstellungen, wie derjenige zu sein hat, an den wir unser Herz hängen wollen. Natürlich soll er möglichst ähnliche Interessen haben. Er soll unsere Abneigungen und Vorlieben teilen und über die wichtigen Dinge im Leben so denken wie wir. Auch was das Auftreten und das Erscheinungsbild angeht, darf der Idealpartner nicht zu weit von dem abweichen, was wir als akzeptabel empfinden. Schließlich muss er sich ja nicht nur in die Familie, sondern auch in den Freundeskreis einfügen, dessen Zustimmung uns mindestens so wichtig ist wie die der Eltern.

Die Dating-Portale unterstützen uns in unserem Drang nach Perfektion. Ihre Computer schaufeln die im System hinterlegten Daten so lange hin und her, bis eine Liste an Partnervorschlägen steht, sortiert nach Matchingpunkten, dem mathematischen Glücksversprechen der programmierten Partnersuche. 140 Matchingpunkte ist das Maximum, der heilige Gral der Harmonie, danach kann nur noch das Paradies kommen. Wer weniger als 80 Punkte akzeptiert, ist entweder indifferent, was die Partnerwahl angeht, oder so verzweifelt, dass er alles ausprobiert.

Der Liebesalgorithmus ist geheim, die Agenturen hüten ihn so streng, wie Coca-Cola seine Brauseformel hütet. Wenn man mit den Leuten redet, die den Matchingprozess überwachen, erfährt man, dass sie bei ihrer Kompatibilitätsprüfung vor allem darauf achten, dass sich An- und Abstoßung die Waage halten. Menschen zusammenzubringen ist nicht schwer. Jeder Esel kann sich verlieben. Die Probleme beginnen, wenn die Liebesgeschichte in eine stabile Beziehung führen soll. Deshalb denken Partnerbörsen die Liebe vom Ende her. Sie fragen nicht, warum sich Menschen verlieben. Sie fragen sich, was sie zusammenhält.

Ich lernte bei einem Flug nach Hamburg eine Frau kennen, die seit acht Jahren bei einer Partnerbörse arbeitet. Sie wollte mir zuerst nicht verraten, was genau sie dort tut. Ich tippte auf Marketing. Dann stellte sich heraus, dass sie angestellt war, um »den Matchingprozess zu optimieren«, wie sie das nannte.

Im Grunde geht es darum, Konfliktpotenziale aus dem Weg zu räumen, wie mir meine Gesprächspartnerin erläuterte. Deswegen müssten die Mitglieder bei der Anmeldung auch einen Psychotest mit 80 Fragen ausfüllen, der Rückschlüsse auf ihre Persönlichkeitsstruktur zulasse. Anderseits dürften sich die Partner nicht zu ähnlich sein, sonst entstehe Langeweile. Wer in allem übereinstimme, verliere erst die Lust am Sex und dann am Leben zu zweit.

Zwei Drittel Übereinstimmung, ein Drittel Abweichung, das ist die Zauberformel für eine glückliche Beziehung. Jedenfalls im Prinzip. Was den Wunsch nach Nähe angehe, sollten Paare die gleichen Ansprüche haben, da seien unterschiedliche Vorstellungen Gift, sagte die Matchingexpertin. Beim Konfliktverhalten wiederum sei unbedingt auf Unterschiedlichkeit zu achten. Wenn beide Partner zur Starrköpfigkeit neigen, wird der Beziehung kein langes Leben beschieden sein.

Damit die Kandidaten beim Psychotest wahrheitsgemäß antworten und nicht das angeben, von dem sie glauben, dass es von ihnen erwartet wird, ist der Test so gestaltet, dass man als Laie nur schwer erkennen kann, worauf die Fragen abzielen. »Sie rutschen auf dem Bürgersteig auf einer Bananenschale aus. Wie reagieren Sie?«, ist so eine Frage, bei der jede Antwort die falsche sein kann. Ich habe geantwortet, dass es mir unangenehm wäre, wenn mir Leute zu Hilfe eilen würden, weil sie annähmen, ich hätte mich verletzt. Macht mich das jetzt zu einem Konfliktvermeider oder eher zu jemandem, der partout seinen Kopf durchsetzen will und deshalb am liebsten alle Probleme alleine löst? Das Beruhigende ist: Den Computer interessiert nicht, ob jemand ein Sturkopf ist oder ein toleranter Mensch. Der Computer verhält sich da strikt neutral.

Entscheidend für den Erfolg bei der Paarvermittlung ist, dass der Intolerante sich als intolerant zu erkennen gibt. Er bekommt dann eben jemanden empfohlen, der hohe Toleranzwerte gegenüber Intoleranz ausweist. Auch der Nazi findet bei Parship sein Pendant.

Was Menschen im anderen suchen und was sie sagen, dass sie suchen würden, sind zwei sehr unterschiedliche Dinge. Auch in der Liebe gibt es die politisch korrekte Antwort und die politisch nicht ganz so korrekte Wahrheit.

Fragt man Männer, in welchem Alter sie eine Frau besonders attraktiv finden, geben sie eine Altersspanne von durchschnittlich 18 Jahren an. Ein 40-jähriger Mann nennt typischerweise als Untergrenze 26 und als Obergrenze 46 Jahre. Der 50-Jährige ist etwas zurückhaltender. Bei ihm beginnt das ideale Alter einer Frau bei 35 und endet mit dem eigenen, nämlich mit 50. Aber auch hier ist die Bandbreite noch so groß, dass sie kein Stirnrunzeln provoziert.

Das ist die politisch korrekte Antwort. Tatsächlich reduziert sich die Phase, in der Frauen von Männern als attraktiv beurteilt werden, auf genau vier Jahre. Woher ich das weiß? Aus Datensätzen, die der Gründer von »OKCupid«, Christian Rudder, ausgewertet und für ein Buch über das menschliche Beziehungsverhalten zusammengetragen hat. Lässt man Männer in einem Bildertest Frauen nach ihrem Aussehen bewerten, kommt man zu folgendem niederschmetternden Ergebnis: Das ideale Alter einer Frau beginnt mit 20 und endet mit 24 Jahren, und zwar völlig unabhängig davon, wie alt der Mann ist, der um seine Meinung gebeten wurde. Nur Männer in den Zwanzigern sind bereit, sich mit einer Frau einzulassen, die älter ist als sie selbst. Hat ein Mann einmal die 30 überschritten, scheinen Frauen ab 35 Jahren für ihn praktisch nicht mehr zu existieren. Das ändert sich auch nicht mit fortschreitendem Alter des Mannes. 35 Jahre ist die Grenze, danach beginnt die weite Leere der Nichtbeachtung. »Man kann diese Fixierung auf Jugendlichkeit auch so ausdrücken, dass die Erwartungen eines Mannes einfach nie erwachsen werden«, schreibt Rudder. »Ein 50-Jähriger findet dieselben Frauen ›heiß‹ wie ein Erstsemester, zumindest, wenn man sich auf das Alter als Variable beschränkt.«

Frauen sind, was das Alter ihres Partners angeht, sehr viel realistischer. Eine 40-Jährige käme nie auf die Idee, nach einem 20-Jährigen zu suchen. Das hat nichts damit zu tun, dass Frauen sich nicht trauen. Frauen mögen eher gleichaltrige Männer, so einfach. Selbst wenn sie könnten, wie sie wollten, würde das Alter des Partners nicht zu weit von dem ihren abweichen. Bei einer unter 30-Jährigen läge es leicht über dem eigenen, bei Frauen ab 30 leicht darunter. Am weitesten öffnet sich die Schere bei Frauen im Alter von 48 Jahren. Dann finden sie plötzlich 40 Jahre alte Männer besonders gut aussehend, warum auch immer. Aber schon zwei Jahre später hat sich diese Kluft wieder geschlossen.

Dafür diskriminieren Frauen bei der Ausbildung. Frauen wollen einen Partner, der mindestens so gebildet ist wie sie. Und gleich viel verdient. Und ihren kulturellen Geschmack teilt. Interessanterweise sind sie kaum bereit, von ihren Vorstellungen abzuweichen. Die meisten Männer sehen irgendwann ein, dass es die Auswahl sehr einengt, wenn sie nur Frauen gemäß ihrer Alterspräferenz in Betracht ziehen. Es gibt einfach nicht so viele 20-Jährige, die nach einem 45-Jährigen oder 50-Jährigen Ausschau halten. Frauen hingegen sind Maximiererinnen. Sie wollen nicht das Beste unter den gegebenen Bedingungen, sie wollen das Beste schlechthin. Dummerweise verknappen sie damit dramatisch das zur Verfügung stehende Angebot. Schon heute überwiegt die Zahl der weiblichen Hochschulabsolventen. Wenn alle Frauen mit Hochschulabschluss einen Partner suchen, der über den gleichen Bildungsabschluss verfügt, müssen viele leer ausgehen. Das ist mathematisch unausweichlich.

Auf die Nachhaltigkeit des Paarglücks hat vieles von dem,

was wir als unerlässlich empfinden, weniger Einfluss, als wir glauben. Zu den überraschendsten Erkenntnissen der Paarforschung gehört der Befund, dass arrangierte Ehen nicht unglücklicher sind als sogenannte Liebesheiraten. Mich hat das immer fasziniert. Was gibt es aus westlicher Sicht Empörenderes als die Vorstellung, dass es Eltern oder Verwandte in die Hand nehmen, für das eigene Kind einen Bräutigam oder eine Braut auszusuchen? Alles, was uns wichtig ist – das Recht auf Selbstbestimmung, die Freiheit, sein Leben so zu gestalten, wie man will –, wird mit Füßen getreten. Dennoch scheint es zu funktionieren, das ist das Verrückte daran. Die Vernunftehe hält nicht nur deutlich länger, sie ist, wenn man den Selbstauskünften trauen kann, auch nicht weniger erfüllend. Wenn man Menschen befragt, die in eine arrangierte Ehe eingewilligt haben, lautet die Antwort, dass die Liebe mit der Zeit gekommen sei.

Ich habe kein einziges Blind Date bereut. Es ist innerhalb von zwei Minuten klar, ob aus der Sache etwas wird oder nicht. Aber auch wenn man weiß, dass es bei einem Treffen bleibt, ist der Abend nicht vergeudet. Wer nicht völlig vernagelt ist, sollte keine Mühe haben, für anderthalb Stunden Gesprächsstoff zu finden. Es gibt so viel, über das man sich austauschen kann: die Erfahrungen beim Dating, die Erwartungen an die Partnerschaft, die Hoffnungen und Enttäuschungen im Laufe des Beziehungslebens. Ich habe in den acht Monaten, in denen ich bei Parship angemeldet war, mehr über die Liebe und ihre Abwege erfahren als in all den Jahren zuvor. Auch über Wünsche und Vorlieben, auf die ich so nie gekommen wäre.

Die Affäre mit der Kosmetikverkäuferin hielt nicht lange. Sie hatte gleich feste Pläne, wie es mit uns weitergehen sollte. Aber so weit war ich noch nicht, Matchingpunkte hin oder her. Außerdem musste ich immer an meine Frau denken, wenn wir zusammen waren. Außerehelicher Sex ist gar nicht so einfach, wie ich zu meiner Überraschung feststellte. Vielleicht hatte ich einfach nicht genug Übung. Ich habe meine Frau, wie schon gesagt, ein einziges Mal betrogen. Sie hieß Ellen, was man für einen Zufall oder eine seltsame Form der Namensobsession halten mag. In jedem Fall endete die Geschichte so schnell, wie sie begonnen hatte.

Meine zweite Parship-Bekanntschaft war ganz anders als Ella. Sie kam aus dem Osten. Sie war tätowiert. Wenn sie hochhackige Schuhe trug, überragte sie mich um einen halben Kopf. Aber alle meine Freunde, die sie zum ersten Mal auf Fotos sahen, meinten sofort, eine Ähnlichkeit mit meiner Frau erkennen zu können. »Wie Ella, nur zehn Jahre jünger«, sagten sie. Ich antwortete, dass ich keine Ähnlichkeiten sähe, was mir belustigte Blicke eintrug. In dem Fall endete die Geschichte früher, als ich mir gewünscht hätte. Erst kam ein Auslandsaufenthalt dazwischen, dann ein anderer Mann.

Die dritte Bekanntschaft, die ich über Parship machte, hieß Liana. Liana war Eigentümerin einer Schuhgeschäft-Kette. Tatsächlich war sie so erfolgreich beim Verkauf von Schuhen, wie ich bald erfuhr, dass sie von einer noch größeren Kette ein Angebot erhalten hatte, welches sie umgehend zur Millionärin machen würde, sollte sie es annehmen. Angeblich können die meisten Männer nicht damit umgehen, wenn die Frau deutlich mehr verdient als sie selber. Schreiben Sie es meinem Hang zur Bequemlichkeit zu, aber ich habe immer davon geträumt, eine reiche Frau kennenzulernen.

»Wo wollen wir uns treffen?«, hatte Liana gefragt. Ich hatte gesagt: »Adnan, da sitzt man gut.« Manche Menschen bevorzugen für Blind Dates Orte, an denen niemand sie kennt. Ich bin froh, wenn das Essen stimmt und auf den Kellner Verlass ist. Es kann bei einem Parship-Treffen so viel schiefgehen. Da habe ich gerne die Dinge unter Kontrolle, auf die ich durch die Nennung der Lokalität Einfluss habe.

Bereits die Wahl des Getränks gibt einen Hinweis auf den Verlauf des Abends. Weißwein ist eine todsichere Sache, damit kann man nichts falsch machen. Entsprechend zurückhaltend geht die Weißweinbestellerin dann auch im Weiteren vor. Frauen, die Rotwein trinken, sind resolut, aber abenteuerlustig. Wenn sich eine Frau bis zum Hauptgang an einem Aperol Spritz festhält, weiß man, dass es ein mühsamer Abend wird.

Liana bestellte zum Auftakt einen Gin Tonic, das kannte ich noch nicht. Sie war seit zwei Jahren bei Parship. Außerdem hatte sie eine achtjährige Tochter und einen Freund. Dass noch Kinder im Haus sind, wenn man sich bei einer Dating-Plattform anmeldet, kommt öfter vor. Dass es einen Freund gibt, der zu Hause auf einen wartet, ist eher die Ausnahme.

»Er langweilt mich«, sagte Liana. »Er will mir alles recht machen.« Wie sich zeigte, bestand zwischen beiden Aussagen ein direkter Zusammenhang.

Das Schöne an Blind Dates ist, dass sie alles widerlegen, was man in Zeitungen über Beziehungen lesen kann. So wie Liana den Mann schilderte, mit dem sie zusammenlebte, hatte sie das große Los gezogen. Er war für sie da, wenn sie ihn brauchte. Er kümmerte sich rührend um die Tochter, obwohl es nicht sein Kind war. Wenn Liana nach einem anstrengenden Tag nach Hause kam, konnte sie sicher sein, dass ein warmes Essen auf dem Tisch stand.

Liana entwickelte eine unvorhergesehene Sehnsucht nach

Fast Food. Sie träumte davon, enttäuscht vor einem leeren Kühlschrank zu stehen, wenn sie spät nach Haus kam. Würde ihr Freund nur einmal, ein einziges Mal, laut werden, sagte sie sich, vielleicht würde dann wieder alles gut.

Man kann nicht sagen, dass sie nicht alles tat, um die Beziehung zu retten. Sie war böse zu ihm. Sie schubste ihn herum. Sie sagte ihm, dass er sie im Bett enttäusche. Aber alles, was dem armen Kerl einfiel, war, sich für sein Verhalten zu entschuldigen.

»Warum verlässt du deinen Freund nicht?«, fragte ich.

»Das habe ich versucht«, sagte Liana, »aber er will einfach nicht gehen.« Die Liebe nimmt manchmal eigenartige Wege.

Als wir das Restaurant verließen, fragte sie mich, ob sie mich nach Hause fahren solle. Wir stiegen in einen Porsche Cayenne, der ganz mit schwarzem Leder ausgekleidet war. Sogar der Kaffeebecherhalter schien mit Leder überzogen. Wir fuhren mit ihrem Cayenne bis zu meiner Haustür. Sie zog den Autoschlüssel ab und stieg aus, während ich noch nach dem Türgriff suchte. Habe ich schon gesagt, dass ich Frauen mag, die wissen, was sie wollen?

Liana hat sich dann in ihren Zahnarzt verliebt. Ich hätte gerne gewusst, wie das geht: den eigenen Zahnarzt daten. Schreibt man seine Telefonnummer auf einen Zettel, nachdem die Betäubung nachlässt, oder macht man besser einen Termin über die Sprechstundenhilfe aus? Leider hat sich Liana nicht mehr gemeldet, als ich um Aufklärung bat. Meine diesbezüglichen Anfragen gingen alle ins Leere.

Es gibt Menschen, die für immer in der flirrenden Welt des Dating hängen bleiben. Wenn das Gefühl des Verliebtseins abklingt, taucht unweigerlich die Frage auf, ob es nicht einen noch hinreißenderen, noch geistreicheren, noch fröhlicheren, noch erfolgreicheren Menschen gibt, der einen noch glücklicher werden lässt. Weil die Hoffnung, die nächste Bekanntschaft werde einen von der Partnersuche erlösen, immer wieder enttäuscht wird, findet die Suche nie ein Ende. Die Gesichter wechseln, aber die Geschichten ähneln einander, bis sich irgendwann Überdruss einstellt.

Die Hintertür steht immer offen. Das Online-Abo läuft weiter, auch wenn man sich sagt, dass es einem dieses Mal ernst ist. Der früheste Termin, zu dem man seinen Account quittieren kann, ist im nächsten Quartal. Bis dahin erreichen einen jeden Tag neue Partnervorschläge und neue Komplimente. Es braucht einige Willensstärke, um die Kontaktanfragen zu ignorieren. Die meisten Menschen werden bei weniger schwach. Bei einigen reicht schon eine Tüte Erdnussflips, damit sie die guten Vorsätze aufgeben.

Der einzige Hinweis darauf, dass man die Suche nicht eingestellt hat, ist die Meldung über die letzte Onlineaktivität. Die kann jeder sehen, der sich anmeldet, also theoretisch auch der Mensch, den man gerade kennengelernt hat. Die Bitte um Aufklärung würde allerdings das Eingeständnis bedeuten, dass derjenige, der einen zur Rede stellt, ebenfalls online war – wäre er es nicht gewesen, wüsste er ja nicht, was er nun glaubt zur Sprache bringen zu müssen.

Ich habe meine zweite Frau Hannah ebenfalls über Parship kennengelernt. Sie hatte mich angeschrieben, weil ihr bei einem Vergleich unserer Profile viele Gemeinsamkeiten aufgefallen waren, wie sie sagte. Ich antwortete ihr nach einem Blick auf ihr Profil, dass ich leider keine Gemeinsamkeit entdecken könne. Weder würde ich mich für Langlaufski begeistern, noch sei ich überhaupt besonders sportlich. Das weckte ihr Interesse.

Wir tauschten lange Mails aus, am Anfang unregelmäßig,

dann nahezu täglich. Bevor ich sie drei Monate später zum ersten Mal traf, kannte ich schon ihre bevorzugte Einschlafposition und die Zahl der Ex-Freunde.

Wir waren beide sehr aufgeregt, wie das Treffen verlaufen würde. Unsere Matchingpunkte lagen im dreistelligen Bereich. Auf dem Papier passten wir perfekt zusammen. Aber die Chemie der Begegnung, das wundersame Zusammenspiel aus Hormonen, Pheromonen und der vertrackten Neurobiologie des Hirns, kann auch der beste Computer nicht vorhersehen.

Hannah holte mich am Münchner Marienplatz ab. Da sie sich beim Skifahren Arm und Schulter gebrochen hatte, besorgten wir uns um die Ecke Sushi und verbrachten den Abend bei ihr. Am Ende des Wochenendes waren wir ein Paar. Dabei ist es geblieben.

Glaubt man den Studien, die von den Partnerbörsen in Auftrag gegeben wurden, sind die Aussichten für eine stabile Partnerschaft bei Paaren, die sich online kennengelernt haben, höher als bei denen, die auf klassischem Wege zusammengekommen sind. Online-Paare heiraten früher, sie streiten weniger, haben schneller Kinder und kommen besser mit Stress zurecht. Angeblich haben sie auch eher den Eindruck, dass ihr Partner sie versteht und sich für ihre Probleme interessiert. Mit meiner Vorgeschichte muss ich gottfroh sein, dass ich Hannah über das Internet kennengelernt habe.

Wo viel Licht ist, da ist allerdings auch Schatten, wie man schon bei Goethe nachlesen kann. »Obwohl Sie ein herausragendes Matchingergebnis mit PS3BBC6D haben, gibt es in Ihren Persönlichkeitsprofilen Hinweise auf mögliche Reibungspunkte«, warnte mich der Parship-Persönlichkeitstest nach einem Vergleich unserer Psychotests. »Schauen Sie bei einer möglichen Partnerschaft, ob Sie beide einen Weg finden, damit umzugehen. Ihr Zusammenleben mit PS3BBC6D könnte durch Eigenheiten oder festgefahrene Angewohnheiten erschwert werden.«

Hannah und ich haben beide einen starken Wunsch nach Partnernähe, das ist zunächst durchaus beruhigend. Wir sind eher extrovertiert als introvertiert und verlassen uns ungern auf den Instinkt, auch das ist gut. Hannah führt allerdings um Längen bei »Verstand«, »Durchsetzungswille« und, überraschenderweise, »Gefühl«. Ich dachte bislang, mindestens zwei der drei Eigenschaften würden sich gegenseitig ausschließen, aber der Computer weiß es besser.

Dafür ist meine »Ausgleichsbereitschaft« ausweislich des Vergleichs der Grundzüge unserer Persönlichkeiten deutlich höher. Auch »Pragmatismus«, »seelische Energie« und »Anpassungswilligkeit« sind bei mir stärker ausgeprägt. Die Ausgangslage im Konfliktfall wäre damit geklärt.

Ich habe die Ergebnisse sicher verwahrt. Parship kann man nicht betrügen. Das ist alles wissenschaftlich erwiesen, was sie einem schicken. Wenn es jemals zu einer ernsthaften Krise kommen sollte, habe ich es dieses Mal schwarz auf weiß!

Der Mathematiker Peter Backus hat vor zwei Jahren übrigens geheiratet. Sie heißt Rose.

Du musst dein Leben ändern

KAPITEL SIEBEN, *in dem sich der Held auf die Suche nach dem wahren Glück macht und nach einer Begegnung mit dem inneren Buddha seinen Frieden findet*

Die glücklichsten Menschen der Welt leben angeblich in Bangladesch. Ich war nie dort, aber mich hat es überrascht, als ich davon las. Die meisten Bangladeschi sind so arm, dass sie sich nicht einmal einen Fernsehanschluss leisten können. Das durchschnittliche Pro-Kopf-Einkommen liegt bei zwei Dollar die Woche, dafür bekommt man bei uns gerade mal eine Portion Pommes. Wenn die armen Leute denken, sie hätten es geschafft, weil sie endlich ein Dach über dem Kopf haben, kommt von irgendwo ein Taifun daher und reißt ihnen die Hütte wieder ein.

Ich hätte erwartet, dass die Schweizer besonders glücklich seien. Saftige Wiesen, heile Bergwelt, ein gemächlich dahingleitender Tagesfluss, besser geht's doch nicht. Oder die Franzosen, schon wegen des Essens. Aber keiner kann mit den Einwohnern von Bangladesch mithalten, wenn es um die positive Einstellung zum Leben geht – so steht es jedenfalls in einer »Welt-Glücklichkeits-Studie«, die Forscher an der London School of Economics durchgeführt haben. Die Deutschen sind, was das Wohlbefinden angeht, im Mittelfeld, hinter den Skandinaviern, aber vor den Amerikanern. Wir können drei Kreuze schlagen, dass Deutschland nicht in Moldawien liegt. Nirgendwo scheint man so wenig Grund zur Freude am Leben zu haben wie in der ehemaligen russischen Teilrepublik. Glück gehabt, muss man sagen.

Glaubt man dem Weltglücksvergleich, dann liegen zwei Schlüsse nahe: Es ist besser, in einer warmen Gegend zu leben als in einer kalten. Und der allgemeine Wohlstand hat auf das Wohlbefinden weniger Einfluss als gemeinhin angenommen. Tatsächlich wird der Zusammenhang zwischen Glück und Geld regelmäßig überschätzt. Das ist zwar keine ganz neue Erkenntnis. Alle großen Religionen haben das früher oder später entdeckt und als Vademecum unter die Leute gebracht. Nur handeln wir nicht danach, im Gegenteil.

Wir leben in einer glücksvernarrten Zeit. Die Menschen in unseren Breiten können gar nicht oft genug hören, was sie glücklicher werden ließe. Vielleicht ist das ja schon unser Problem. Ich bin mir sicher, dass kaum jemand in Bangladesch in die Buchhandlung rennt, um einen Ratgeber über den schnellsten Weg zum Lebensglück zu erstehen. Bei uns füllt die entsprechende Empfehlungsliteratur Regale, und jede Saison muss Platz für einen neuen Entdecker der Glücksformel gemacht werden. Für die Lesemuffel bietet die Apotheke eine Reihe von Substanzen, die eine Stimmungsverbesserung auf die Schnelle versprechen, bei Globuli angefangen. Nach den Umsätzen der Pharmaindustrie zu urteilen, nehmen nicht wenige Menschen das Angebot gerne wahr, mich eingeschlossen, auch wenn diese Abkürzung zum Wohlbefinden den Makel der Schummelei trägt.

Wahrscheinlich ist Glück massiv überbewertet, das ist der Witz an der Sache. Es lassen sich leicht Argumente für den Wert des Unglücklichseins ins Feld führen. Wo wäre die

Menschheit, wenn alle einander nur lächelnd an den Händen hielten? Ein Großteil der Kulturanstrengungen, auf die wir heute mit Stolz zurückblicken, ist aus Weltschmerz und Verzweiflung geboren. Hätte van Gogh seine Sonnenblumen gemalt, wenn er wie sein Bruder ein ausgeglichener Familienvater gewesen wäre? Gäbe es Beethovens Neunte ohne dessen Schwermutsanfälle? Nicht wenige Psychiater halten Depressionen nicht für einen Defekt, den es zu behandeln gilt, sondern die angemessene Reaktion auf eine unzumutbare Situation.

Ich habe mich immer für einen vom Lebensglück großzügig bedienten Menschen gehalten. Ich habe Freunde, auf die auch in schwerer Zeit Verlass ist. Die Töchter nehmen keine Drogen, jedenfalls keine, die ich nicht auch schon genommen hätte. Meine Arbeit geht mir leicht von der Hand und wird obendrein noch ordentlich bezahlt. Mein Body-Mass-Index liegt bei 22,9, obwohl ich mich weder besonders gesund ernähre noch Sport treibe. Mein Blutdruck beträgt 120 zu 90, was für einen Mann meines Alters nicht schlecht ist. Ich habe auch keine Schlafstörungen oder Konzentrationsschwierigkeiten.

Trotzdem würde ich zögern, mich als Menschen zu bezeichnen, der seinen inneren Frieden gefunden hat. Meine erste Midlife-Crisis hatte ich mit Anfang dreißig, als mir aufging, dass mit jeder Lebensentscheidung die Zahl der Möglichkeiten, was aus mir noch würde werden können, zwangsläufig kleiner wurde. Die Erkenntnis jagte mir eine Heidenangst ein. Mit der Jugend verbindet sich die Unbeschwertheit, die aus der Illusion noch nicht realisierter, aber durchaus denkbarer Lebensentwürfe erwächst. Altern bedeutet eine Verengung der Lebensbahn, die einem den Schlaf rauben kann, wenn man sich dessen erstmals bewusst wird.

Ich bewundere Menschen, die ihr Leben noch einmal herumgerissen haben. Was gibt es Mutigeres als die Entscheidung, den Trott hinter sich zu lassen und etwas völlig Neues zu beginnen? Leider bleibt dieser Aufbruch meist Fantasie. Es gibt so vieles, was einen zurückhält: die familiären Verpflichtungen, die Macht der Gewohnheit, die Raten für das Haus.

Es kann immer so weitergehen, so viel ist klar. Aber in dieser Feststellung liegt schon die ganze Misere des im Alltag gefangenen Menschen. Wer kennt nicht das Gefühl, vom Kurs abgekommen zu sein, diese leichte Beunruhigung, die man zu ignorieren vorzieht, weil es ja zunächst nicht mehr als ein Kribbeln ist, ein leichtes Kräuseln der Seelenoberfläche? Die Tage vergehen einer wie der andere. Der Himmel ist blau, das Essen erträglich. Kein Grund zur Klage. Bis man dann eines Tages an der Reling steht und sich fragt: Was mache ich hier? Wo soll das hinführen?

Manchmal setzt eine grundlegende Erschütterung die Energie frei, innezuhalten und sich zu besinnen. Es ist später oft geschrieben worden, was für ein strahlender Tag der 11. September 2001 war. Aber es stimmt: Ich erinnere mich noch daran, wie ich nach dem Aufstehen vor die Haustür trat, um die blaue Plastiktüte mit der »New York Times« aufzuheben, und dabei die Morgenluft einsog, die nur ein klarer Herbsttag an der amerikanischen Ostküste mit sich bringt. Wir waren wenige Monate zuvor in New York angekommen. Wir hatten dieses nette zweistöckige Haus in einem Vorort in Pendlerdistanz zur Innenstadt gefunden, eine Gegend wie aus einem Updike-Roman, in der die Männer im Wesentlichen einem von drei Berufen nachgingen: Rechtsanwalt, Arzt oder irgendetwas an der Wall Street. Entsprechend groß war dann auch die Zahl derer, die Verwandte und Freunde verloren, als die Twin Towers fielen. Allein in unserer Straße waren zwei Familien getroffen.

Drei Wochen nach dem Anschlag besuchte ich die neuen Büros von Fred Alger, einer Brokerfirma, die 24 von 32 Fondsmanagern verloren hatte und damit, gemessen an der Zahl der Beschäftigten, so viele wie keine andere an der Wall Street. Alger hatte seine Handelsräume im 93. Stock des World Trade Center gehabt. Die 93. Etage war eines der fünf Stockwerke gewesen, in die Flug AA 11 um 8.46 Uhr mit 92 Passagieren und 56 000 Liter Flugbenzin an Bord eingeschlagen war. Wer bei Alger überlebte, war an diesem Morgen entweder nicht zur Arbeit erschienen oder hatte einen Termin außerhalb. Patrick Fitzgerald gehörte zu den Glücklichen, die an dem Tag zu spät gekommen waren. Eine Kieferoperation hatte ihn aufgehalten. Nun saß er mir in einem kleinen Büro neben dem Handelsraum gegenüber, den die Fondsfirma in New Jersey auf der anderen Seite des Hudson angemietet hatte, durch den Fluss getrennt von dem Schuttberg aus Stahl und Glas, in dem sie noch immer nach Leichenteilen suchten.

Wir sprachen über die Trauer nach dem Verlust so vieler Kollegen, das unverdiente Glück, davongekommen zu sein, und das Gefühl der Dankbarkeit, das sich nach dem Schock breitgemacht hatte und die gleichzeitig auftretenden Schuldgefühle verdrängte. Wie viele Menschen, mit denen ich in diesen Tagen sprach, war Fitzgerald noch ganz von der Grenzerfahrung ergriffen, dass eine kleine Abweichung von der normalen Routine den Unterschied zwischen Tod und Leben ausmachen kann. Die Wall Street zieht einen bestimmten Menschenschlag an, harte, unsentimentale Typen, die wenig Gedanken auf Dinge verschwenden, die ihnen nicht unmittelbar nützlich erscheinen.

Mein Gesprächspartner war ein typischer Vertreter seiner Zunft, ein leicht übergewichtiger Mann Anfang 40, der den ganzen Tag am Computer auf der Suche nach Möglichkeiten verbrachte, die aus dem Geld seiner Kunden noch mehr Geld machen würden. Es war klar, dass er mir unter normalen Umständen nie seine Lebenszweifel offenbart hätte. Aber jetzt saßen wir in seinem Büro und redeten über das Leben und die Dinge, die zählen.

Er machte sich Vorwürfe, zu wenig Zeit mit seiner Familie verbracht zu haben. Die Welt des Geldes kennt keine Pause. Jede Minute, die man der Arbeit entzieht, kostet die Kunden Profit. Er werde sich mehr um seine Familie kümmern, sagte Fitzgerald. Die Zeit mit den Kindern, die Liebe zu seiner Frau, das sei es doch, worauf es im Leben ankomme. Er klang sehr entschlossen. Es schien ihm ernst zu sein mit der Wandlung zu einem besseren Menschen.

Ich habe dann lange nichts mehr von Fitzgerald gehört, bis wir uns auf der Gartenparty eines gemeinsamen Bekannten zufällig über den Weg liefen. Er schaute ein wenig verlegen, als er mich erkannte. Ich musste ihn nicht fragen, wie es ihm in der Zwischenzeit ergangen war. Es war klar, dass er in sein altes Leben zurückgefallen war. Ein paar Monate hatte er versucht, seinen Vorsätzen treu zu bleiben, wie er über einem Drink seufzend berichtete. Dann nahmen die Verpflichtungen in der Firma überhand, der Termindruck des Börsengeschäfts, das Erfordernis, Leistung zu zeigen.

Wer kann es sich schon leisten, alles hinzuwerfen und neu anzufangen, vielleicht sogar an einem anderen Ort, in einem anderen Leben? Ich habe nach der Trennung von Ella ernsthaft mit dem Gedanken gespielt, einfach auf und davon zu gehen. Warum nicht ein Flugticket kaufen und ein Jahr nach Bali verschwinden, wie Julia Roberts in »Eat Pray Love«?

Der Film basiert nicht von ungefähr auf einer Scheidungsgeschichte: Schriftstellerin aus New York durchlebt hässlichen
Rosenkrieg und lässt darauf alles stehen und liegen, um in
der Ferne Heilung zu finden.

Oder Madagaskar. Ich war einmal dort. Schöne Landschaft,
angenehmes Klima, man braucht nicht viel zum Leben. Ein
Freund von mir hat sich im Alter von 51 Jahren dahin abge-
setzt. Der Arzt hatte ihm nach einem Halswirbelbruch einen
Aufenthalt in den Tropen empfohlen, um die Schmerzen
zu lindern. Nachdem er auf Madagaskar eine jüngere Frau
kennengelernt hatte, blieb er einfach dort. Jetzt malt er und
kümmert sich um seine Tochter, die vor fünf Jahren zur
Welt gekommen ist. Manchmal schickt er mir über Facebook Fotos. Er lebe gut trotz manchen Verzichts, schrieb er.

Ich fürchte, ich eigne mich nicht zum Aussteiger, das ist
mein Problem. Ich habe schreckliche Angst vor Armut im
Alter, das würde mir das Abenteuer sehr verleiden. Unglück-
licherweise ist eine Scheidung das Letzte, was man sich leisten
sollte, wenn man vor der Entscheidung steht, den Job hinzuwerfen. Sicher, es gibt Leute, die so viel angespart haben,
dass sie nie mehr arbeiten müssen. Die brauchen sich über
Altersarmut selbstverständlich keine Gedanken zu machen,
nicht mal nach einer kostspieligen Scheidung. Aber solche
Menschen verbringen ihre Zeit in der Regel ohnehin mehr
oder weniger ortsungebunden, weshalb man von ihnen auch
als »globale Nomaden« spricht. In dieser Luxusvariante des
Aussteigertums fallen ein paar Monate zusätzlich auf Bali
oder Madagaskar kaum ins Gewicht.

Ich wüsste offen gestanden nicht, was ich mit meiner freien
Zeit anfangen sollte, das kommt hinzu. Julia Roberts verbringt am Anfang ihrer Post-Scheidungs-Tour Monate damit,
durch Italien zu gondeln und Nudeln zu essen. Die Liebe zur

Pasta ist eine schöne Passion, um seine Tage zu füllen, keine Frage. Als ich Roberts in »Eat Pray Love« sah, wusste ich nicht, was ich mehr bewundern sollte: die ungestüme Begeisterung für Teigwaren oder die Fähigkeit, trotz dieses Hobbys das Körpergewicht auf dem Stand des Ankunfttages zu halten. Auch alle Geldprobleme schienen auf wundersame Weise gelöst. Man hört in dem Film jedenfalls nie, dass sich die Heldin darüber Gedanken machen muss, wie sie ihr Leben zwischen Nudelküche und Ashram finanzieren soll. Wenn ich mich noch einmal entscheiden müsste, hätte ich gerne eine solche Scheidungs-Heilungszeit: mit leichtem Gepäck in ein Flugzeug Richtung Sonne, und alle Probleme lösen sich wie von selbst. Fabelhaft!

Ich erwog andere, mehr in der Nähe des Wohnorts liegende Optionen der Lebensveränderung. Eine Bekannte empfahl mir Yoga. Sie habe dadurch ein völlig neues Körpergefühl entdeckt, sagte sie. Im Internet entdeckte ich Bilder von Menschen, die ihre Füße über den Kopf halten und dabei lächeln. Die Skorpionhaltung im Handstand mag genial sein, um den inneren Energieflow zu stärken, wie es bei Asanayoga.de heißt, einer großen Yogaseite im Netz. Ich bin schon stolz, wenn ich mit den Fingerspitzen die Schienbeine erreiche.

Kurzzeitig dachte ich über Buddhismus als Alternative nach. Da muss man nur sitzen, das bekomme sogar ich hin. Das Problem mit den Buddhisten ist, dass sie sich von allem losgesagt haben, auch von dem, was um sie herum vorgeht. Das ist für einen Journalisten eine ziemliche Herausforderung auf dem Weg zum inneren Glück.

Bei einem Abendessen traf ich eine Frau, die seit Jahren nach den Lehren Siddharta Gautamas lebt. Ich war beeindruckt von der Ruhe, die sie ausstrahlte. Alles, was man über

Buddhisten sagt – dass sie friedlicher und gelassener seien als andere Menschen –, schien bei ihr zuzutreffen. Ich wollte sie schon fragen, wie sie so entspannt bleiben könne angesichts der Aufregung in der Welt, als sich die Diskussion am Tisch Thilo Sarrazin und seinem Buch »Deutschland schafft sich ab« zuwandte. Man tut Sarrazin sicher kein Unrecht, wenn man ihn als Autor des erfolgreichsten politischen Sachbuchs seit »Mein Kampf« bezeichnet.

»Sarrazin, wer ist das?«, fragte meine Sitznachbarin mit einem sanften Lächeln. Wie mir in diesem Moment aufging, hatte ich das unwahrscheinliche Glück, neben dem vermutlich einzigen erwachsenen Menschen in Deutschland zu sitzen, dem der Name Sarrazin nach Erscheinen seines großen Skandalbuches kein Begriff war.

Sie habe alle Zeitungen abbestellt, gab die Frau zur Erklärung an, als sie meinen erstaunten Blick wahrnahm. Sie schaue auch seit Längerem nicht mehr fern, höre kein Radio und meide im Internet alles, was nach Nachrichten aussehe. Sie lasse sich ausschließlich von ihrem inneren Buddha leiten.

»Reicht das denn, um auf dem Laufenden zu bleiben?«, fragte ich.

»Mein innerer Buddha sagt mir alles, was ich wissen muss«, antwortete sie.

Nachrichtenabstinenz ist ein neuer Trend, wie ich gelernt habe, so etwas Ähnliches wie vegane Ernährung. Es gibt angeblich auch medizinische Gründe, die dafür sprechen. Sobald wir etwas sehen oder lesen, was uns beunruhigt, gelangt eine erhöhte Menge des Stresshormons Cortisol in die Blutbahn. Cortisol verstärkt die Anfälligkeit für Infekte, es sorgt für Verdauungsstörungen und stört das Wachstum von Knochen und Haaren. Der Schweizer Motivationstrainer Rolf Dobelli vergleicht Nachrichten mit Zucker und empfiehlt eine strenge »Nachrichtendiät«, um die giftige Wirkung zu begrenzen. Rechnen Sie es meiner Willensschwäche zu, aber das schaffe ich nicht.

Bei Hitler landeten wir dennoch, trotz der Sarrazin-Amnesie meiner Nachbarin. Es entwickelte sich eine interessante Debatte, welches Karma Hitler bevorstehe. Sein innerer Buddha sei von vielen Decken bedeckt, erklärte die Anhängerin Gautamas. Das Karma sei zu groß, um es alleine zu tragen, wir müssten es mit ihm teilen. Eine interessante Perspektive, dachte ich. Spirituelle Solidarität mit dem »Führer«? So hatte ich die Dinge noch nie betrachtet. Ich überlegte kurz, wie viele Decken wohl auf Ellas Buddha lagen. Ich verbat mir den Gedanken sofort wieder, weil man niemanden fahrlässig mit Hitler in Verbindung bringen soll, nicht einmal seine Ex-Frau.

Katastrophen wecken bei den Überlebenden das Bedürfnis, etwas Drastisches zu tun. Wer eine einschneidende Erfahrung hinter sich hat, will nicht mit dem Leben fortfahren, so als sei nichts geschehen. Das Ereignis, das einen gezeichnet hat, soll eine angemessene Würdigung erfahren, deshalb sinnt man über einen Bruch mit der Routine nach. Über den Verlust eines nahen Verwandten geht man ja auch nicht einfach hinweg. Manche Leute legen sich ein Tattoo zu, um den Moment zu markieren, an dem ihr Leben aus der Bahn geriet. Andere rasieren sich den Kopf oder brechen zu einer wilden Jagd durch die Betten auf.

Der Sturz ins Abenteuer ist eine bewährte Bewältigungsstrategie. Aber tatsächlich ist die größte Herausforderung, vor der man nach einer Scheidung steht, die Rückkehr zur Normalität. Nicht die Flucht aus dem Alltag verlangt dem von einer Trennung Betroffenen am meisten ab, sondern der Versuch, wieder so etwas wie Alltag zu etablieren.

»Wann haben Sie Ihre Frau kennengelernt?«, heißt die Frage in einem berühmtem Trennungswitz. »Während der Scheidung.« Es ist ein trauriger Witz, weil er viel Wahrheit enthält. Man kann ihn auch mit vertauschten Geschlechtern erzählen, mit einem Mann anstelle der Frau, das ändert nichts an der Pointe.

Im Rückblick erfüllt es mich noch immer mit grenzenlosem Staunen: Zwei Menschen schlafen 15 Jahre lang im selben Bett, und beim Scheidungstermin geben sie sich nicht einmal mehr die Hand. Der Mensch ist unergründlich. Das ist an sich keine Überraschung. Um dies zu erkennen, muss man nur den Fernseher anschalten oder ins Geschichtsbuch sehen. Aber solange es um Fremde geht, bleibt die Gefahr abstrakt. Unser Weltvertrauen gründet auf der Annahme, dass die schlimmen Dinge anderen zustoßen, nicht einem selber, im eigenen Land, im eigenen Haus. In dem Augenblick, in dem sich der Mensch gegen einen wendet, mit dem man bis eben Kosenamen ausgetauscht hat, ändert sich alles. Worauf ist noch Verlass, wenn sogar die größte Liebe des Lebens zum Feind werden kann?

Aus Amerika kommt das Konzept der »guten Scheidung«. Alles im Leben lässt sich zu einer Art Wettbewerb machen, selbst die Niederlage der Trennung. Gwyneth Paltrow und Chris Martin, die Begründer der Gute-Scheidung-Bewegung, haben den Begriff »Bewusstes Entpaaren« geprägt. Im Englischen klingt das noch schöner: »Conscious Uncoupling«. Da hört man gleich das Wispern des Grases und den sanften Schlag der Wellen.

Wer wie Paltrow drei Tage von einem Salatblatt leben kann, der findet auch einen Weg, dem Vater seiner Kinder dafür zu vergeben, dass er mit einer Kollegin durchbrennt, die noch hübscher und erfolgreicher ist als man selbst. Den meisten Menschen fehlen allerdings die inneren Ressourcen, die es braucht, um die Scheidung als Zen-Weg zu sehen. Sie werden von Wut- und Hassgefühlen erfasst, die wie eine progressiv fortschreitende Krankheit von ihnen Besitz ergreifen.

Angeblich dauert es die Hälfte der Ehejahre, bis man über eine Scheidung hinweg ist. Ich habe nicht nachgeprüft, wie die Zahl zustande kommt. Aber mir erscheint die Zeitangabe plausibel. Noch heute, viele Jahre nachdem Ella und ich die Scheidungspapiere unterzeichnet haben, kann es vorkommen, dass mich eine Erinnerung überfällt, die schlagartig zurückbringt, was ich längst hinter mir gelassen zu haben glaubte.

Manchmal reicht eine falsche Bewegung im Kopf und man steht wieder da, wo man aufgehört hat. Bei einem Besuch in Berlin stieg neulich die Frage in mir auf, ob ich mich beim Verkauf unserer Wohnung nicht hatte kolossal über den Tisch ziehen lassen. Der Vorgang liegt fünf Jahre zurück, ich hatte nie wieder einen Gedanken daran verschwendet, aber plötzlich erinnerte ich mich mit quälender Klarheit, wie ich einem Berliner Makler 18 000 Euro in einem Briefumschlag aushändigte. Als es passierte, schien die Sache unvermeidlich und völlig logisch. Der Makler habe für unsere Wohnung einen Interessenten herbeigeschafft, der dann in letzter Sekunde abgesprungen sei. Auch wenn sich inzwischen ohne Zutun des Vermittlers ein anderer Käufer gefunden hatte, bestehe er auf seine Vermittlungsgebühr. Alles, was sich habe erreichen lassen, sei ein Preisnachlass gegen Aushändigung der Summe in bar. Das war, in wenigen Worten, der Sachverhalt, wie ihn mir Ella darlegte.

Keine Ahnung, warum die Geschichte aus dem Wrack meiner Ehe fünf Jahre später an die Oberfläche geschwemmt wurde. Aber plötzlich saß ich in Gedanken wieder im Büro des Mannes in einem Altbau in der Nähe des Bahnhofs Zoo und zählte 18 000 Euro in Scheinen auf den Tisch des Hauses. Es spricht alles dafür, dass sich die Vorgeschichte genauso zugetragen hat wie geschildert. Ich habe bei ruhigem Nachdenken keinen Grund daran zu zweifeln, dass Ella mir die Wahrheit gesagt hat. Dennoch beschäftigte mich der Vorgang über Wochen. Die Vorstellung, dass ich einem trickreichen Manöver zum Opfer gefallen sein könnte, wurde zu einer fixen Idee, die mich bis in meine Träume verfolgte.

»Closure« nennt man im Amerikanischen das Ende eines emotionalen Prozesses, welches mit dem Wort »Abschluss« nur unzureichend beschrieben ist. Gemeint ist der Moment, an dem man mit der Vergangenheit seinen Frieden macht. Die Bedingung ist die Erkenntnis, selbst dafür verantwortlich zu sein, wie es mit einem weitergeht. Kein Blitzschlag wird einen von der Last der Erinnerung erlösen, keine Dorfgemeinschaft aufstehen, um die untreue Seele, die einem im Stich ließ, zur Rechenschaft zu ziehen. Die kindliche Erwartung, dass das Unrecht, das einem vermeintlich angetan wurde, von göttlicher Hand gesühnt wird, ist eben das: kindlich.

Alle Scheidungsopfer durchleben extreme Gefühle. Selbst die sanftmütigsten Menschen können unter dem Schock der Ereignisse zu Berserkern werden. Die für das künftige Leben entscheidende Frage ist, ob es einem gelingt, diese Gefühle wieder unter Kontrolle zu bekommen – oder ob man sich ihnen hingibt, so wie man nach einem ersten Rausch dem Gift der Droge erliegt.

»Flameouts« nennt die Autorin Abigail Trafford die traurigen Gestalten, die nie mehr über ihre Scheidung hinwegfinden, ein schaurig-anschaulicher Begriff für die Versehrten des Scheidungskriegs. Man begegnet ihnen an Hotelbars, wo sie beim dritten Drink über die »Schlampe« herziehen, die mal ihre Frau war, bevor sie mit jemand anderem durchbrannte. Man trifft sie in Internetforen, wo sie davon reden, dass sie so verletzt seien, dass sie sich keine feste Bindung mehr zutrauen (was sie aber nicht davon abhält, jedem Rock oder jeder Hose nachzusteigen, die bei fünf nicht auf den Bäumen ist). Manchmal sind es auch ganz stille Typen, Menschen, die merkwürdig erloschen wirken, niedergedrückt von der Erinnerung an das Leben, das ihnen abhandengekommen ist.

Trafford erzählt in ihrem Scheidungsbuch »Crazy Time« die Geschichte eines Anwalts, der so von Hass überwältigt wird, dass er mit einem Kollegen den Mord an seiner Ex-Frau zu planen beginnt. Am Anfang ist es ein Spaß, aber mit jeder Woche, die ins Land geht, nimmt die Fantasie ein stärkeres Eigenleben an. Gift, Brandstiftung, der Einsatz von Schusswaffen: Der Mann geht alle Möglichkeiten durch, bis er eines Tages die Idee für das perfekte Verbrechen zu haben glaubt. Er wird seine Frau dazu überreden, eine nächtliche Bootstour mit ihm zu unternehmen. Sie ist eine gute Kanutin, aber nicht besonders kräftig. Man gerät in unruhiges Wasser, so ist der Plan. Er gibt ihrem Boot einen Stoß, damit es kentert. Dann lässt er seine Frau zurück, nachts allein in den Wellen, Meilen entfernt von der Küste. Er steigert sich immer weiter in das Gedankenspiel hinein, bis er in einem hellen Moment feststellt, dass er sich an der Grenze des Irrsinns bewegt, und augenblicklich damit aufhören muss, wenn er nicht den Verstand verlieren will.

Es wäre gelogen, wenn ich behaupten würde, ich hätte keine dunklen Gedanken gehabt. Ich kenne den Jähzorn, den scheinbar nichtige Anlässe hervorrufen, den Ärger des Augenblicks, der einem wie eine Flamme in den Kopf schießt.

Aber die Wut, die Ellas Weggang in mir auslöste, war etwas völlig anderes. Sie rollte wie eine schwarze Welle heran, eine Woge der Entrüstung und Erbitterung, die mich ganz und gar einhüllte, bis ich selbst nur noch tiefe, schwarze Wut war. Wenn mich diese Naturgewalt wieder aus ihrem Griff entließ, war ich oft so betäubt, dass ich Minuten brauchte, um zu Atem zu kommen. Ich habe im Leben nie wieder etwas Vergleichbares erlebt.

Die Psychologen sagen einem, dass intensive Gefühle der Ablehnung ein notwendiger Schritt im Scheidungsprozess seien. Ohne Wut und Zorn könne man keine Trauer empfinden, was wiederum die Voraussetzung sei, um die Vergangenheit hinter sich lassen. Eine kalifornische Studie, über die ich bei meinen Recherchen gestolpert bin, kommt zu dem Ergebnis, dass 20 Prozent der Männer und 44 Prozent der Frauen während der Scheidung »Gefühle extremer Wut« empfänden, weitere 60 Prozent erlebten »moderate Formen des Zorns«. Selbst denjenigen, die eine Trennung initiieren, ist die Wut nicht fremd, obwohl man doch meinen sollte, dass sie eigentlich froh sein müssten, die Ehe, in der sie so unglücklich waren, hinter sich gelassen zu haben. Aber so ist das in einer Scheidung: Auch wer raus will, weiß, dass er an einem entscheidenden Punkt seines Lebens versagt hat.

Zum Glück ist es ein großer Schritt von der Vorstellung in die Realität. Wäre es anders, sähe die Mordstatistik anders aus. Hin und wieder liest man in den Zeitungen von Verbrechen aus Leidenschaft, bei denen die Emotion die Zurechnungsfähigkeit verdunkelt. Im französischen Strafrecht ist das »Crime passionel« sogar ein juristischer Tatbestand, der von Gerichten entsprechend milde beurteilt wird. Die Franzosen hatten schon immer ein größeres Verständnis für die Liebe und ihre Abwege. Fast immer steht bei diesen Verbrechen im Hintergrund eine Trennung oder Zurückweisung, über die der Täter nie hinweggefunden hat.

Die meisten Menschen, die Michael Douglas in »Falling Down« gesehen haben, erinnern sich an die McDonald's-Szene. Douglas steht an einem Tresen in einem Schnellrestaurant und bestellt Frühstück. »Wir verkaufen kein Frühstück mehr, wir sind auf der Mittagskarte«, sagt der Filialleiter. »Wir haben um 11 Uhr 30 aufgehört, Frühstück zu verkaufen.« Es ist 11 Uhr 33, wie ein Blick auf die Uhr zeigt, worauf Douglas eine Maschinenpistole aus einer Sporttasche zieht und sein Frühstück noch einmal bestellt, diesmal mit Erfolg. Viele dürften vergessen haben, dass der Filmheld ein Scheidungsfall ist, ein »Flameout«, der an einem heißen Vormittag im Morgenstau von Los Angeles beschließt, die tägliche Abfolge von Demütigungen und Erniedrigungen nicht länger hinzunehmen.

Ich will hier, um Gottes willen, nicht der Selbstjustiz das Wort reden. Ich will nur auf den Punkt hinweisen, dass eine Trennung Menschen unter enormen Stress setzt. Am besten sollte man mit jedem Scheidungsopfer wie mit einer Großmarktpackung roher Eier umgehen. Wenn ich ein neues Sozialgesetz erlassen dürfte, dann wäre es eines zur Unterstützung der Frauen und Männer, die von ihren Partnern verlassen wurden, eine Art Scheidungszeitgesetz, das ihnen wie Schwangeren umfassenden sozialen Schutz gewährt. Das wäre eine Sozialreform, die ich sofort rückhaltlos unterstützen würde.

Wut hat einen großen Vorteil. Sie lenkt die dunkle Energie, die einen zu überwältigen droht, auf ein Objekt um. In der Psychoanalyse spricht man in diesem Zusammenhang von »Verschiebung« und »Besetzung«. Der andere ist der Täter, man selbst das Lamm. Das Denken in Schwarz und Weiß stabilisiert den Psychohaushalt, indem es einem die Selbstzweifel erspart, die einen nur noch tiefer in den Schlund der Hoffnungslosigkeit führen. Dass Ella mich verlassen hatte und nicht ich sie, verschaffte mir einen moralischen Vorteil, von dem ich lange zehrte.

Viel schlimmer als Wut ist Ambivalenz. Das nagende Gefühl, dass man sein Unglück selbst verschuldet haben könnte; die beunruhigende Entdeckung, dass man nach wie vor Liebe für den Menschen empfindet, der einen maßlos enttäuscht hat: *Das* macht einen wirklich fertig. Sich an starken Emotionen festhalten zu können, ist in einer Krise allemal hilfreicher als das Gefühl, nicht zu wissen, wie einem geschieht.

In gewisser Weise ähneln die inneren Konflikte, die man in einer Scheidung durchlebt, den widersprüchlichen Empfindungen während der Pubertät. Ich habe es als enorme Erleichterung empfunden, die Phase der Adoleszenz endlich hinter mir zu wissen. Wenn das Erwachsensein einen unbestrittenen Vorzug hat, dann ist es der Abstand zu den hormonell bedingten Verwicklungen, die einen ängstlich und ratlos machen, weil man nicht mehr weiß, wer man ist und was man will. Wer hätte gedacht, dass ich im Alter von 47 Jahren noch einmal auf den emotionalen Stand eines 17-Jährigen zurückgeworfen sein würde? Unsere Zeit vergöttert die Jugend, aber der Preis für diese erzwungene Form der Selbstverjüngung ist doch sehr hoch, wie ich inzwischen weiß.

Wer ist schuld? Das ist die Frage, die über allem hängt, auch wenn einem die Juristen sagen, dass die Schuldfrage keine Rolle spiele. Irgendwann kann man ihr trotzdem nicht mehr entgehen.

Ich könnte es mir einfach machen und sagen, Ella habe die Ehe und damit die Familie verraten. Aber ich weiß so gut wie jeder Leser dieses Buches, dass dies Selbstbetrug wäre. Die Wahrheit ist, dass Ella das Leben mit einem neuen Partner das gab, was sie in unserer Beziehung nicht mehr fand und auch nicht mehr finden zu können glaubte. Für Einsamkeit ist die Ehe der ideale Ort. Nirgendwo kann man sich so allein fühlen wie an der Seite des Menschen, dem man ewige Treue geschworen hat.

Ella hat später einmal gesagt, ohne die Liebe zu mir wäre es nicht zur Trennung gekommen. Ich habe zunächst nicht verstanden, was sie mir damit sagen wollte. Heute glaube ich zu wissen, dass sie meinte, es wäre für sie leichter gewesen, wenn sie mir gegenüber teilnahmsloser geblieben wäre.

Es hat eine Zeit gebraucht, bis ich den Gedanken zulassen konnte, dass meine Frau nicht aus Egoismus oder Gleichgültigkeit die Scheidung verlangt hatte, sondern aus einem Gefühl der Ausweglosigkeit heraus, das irgendwann so mächtig war, dass in der Tat alles erträglicher erschien als das Weiterleben mit jemandem, von dem sie sich nicht mehr ausreichend beachtet und wahrgenommen sah.

Ist das am Ende die Wahrheit? Muss ich dankbar sein, dass Ella es überhaupt 15 Jahre an meiner Seite ausgehalten hat? Ich sage das nur sehr widerwillig, aber vielleicht ist die größte Überraschung in der Geschichte unserer Ehe, dass meine Frau nicht schon viel früher gegangen ist. Ich wünschte, ich käme zu einem anderen Ergebnis, doch das scheint mir die Lage zu sein.

Wäre ich ein amerikanischer Autor, würde ich jetzt schreiben, wie viel ich meiner Scheidung zu verdanken habe. Dass mich die Trennung gelehrt hat, mit mir und meinen Mitmenschen geduldiger umzugehen. Dass ich ein besserer Familienvater bin, seit mich meine Frau verlassen hat, ein verständnisvollerer Partner und insgesamt ein reiferer und ausgeglichenerer Mensch. Ich weiß, das klingt gut. Es wäre leider grober Unsinn.

Es mag Menschen geben, für die eine Scheidung einen Segen bedeutet, weil es sie aus einer zerstörerischen Beziehung befreit, die sie unter normalen Umständen nie aufgekündigt hätten. Für alle anderen, und das ist die 90-Prozent-Mehrheit, bleibt die Scheidung eine scheußliche Angelegenheit, mit deren Spätfolgen sie noch lange zu kämpfen haben.

Das heißt nicht, dass man danach nicht wieder ein glückliches Leben führen kann, so wie man auch nach einem schweren Unfall wieder in die Normalität zurückfindet. Aber niemand, der seine fünf Sinne beisammen hat, käme nach einem Autounfall auf die Idee, seinem Herrgott dafür zu danken, dass er den Wagen gegen den Baum gelenkt hat. Es sei denn, die betreffende Person ist suizidal veranlagt und hat es sich im letzten Moment anders überlegt. In dem Fall wäre ich auch dankbar, im Krankenbett aufzuwachen und nicht im Leichenschauhaus.

Es gibt ein tiefes Bedürfnis, noch der schrecklichsten Erfahrung etwas Positives abzugewinnen. Kaum etwas scheint für Menschen schwieriger zu akzeptieren als die Erkenntnis, dass ein traumatisches Ereignis sie Zeit, Kraft und manchmal Teile ihre Gesundheit gekostet hat, ohne dass irgendetwas dabei für sie herausgesprungen wäre außer der Erleichterung, wenn endlich das Schlimmste vorbei ist. Also reden sie sich ein, dass es schon sein Gutes gehabt habe, dass es sie erwischt hat. Die Kehrseite dieses Glaubens an die transformatorische Kraft des Schlimmen ist, dass man es sich selbst zuschreiben muss, wenn das Gute ausbleibt oder sich die heilsame Wirkung des Traumas verzögert. »Was, Sie sind noch nicht wieder auf dem Damm?« – »Denken Sie positiv!« – »Arbeiten Sie an sich!« – »Nur der Verzagte bleibt unglücklich!« Positives Denken kann zu einer echten Belastung werden. Das sollte man bedenken, bevor man damit anfängt.

Bin ich heute ein glücklicherer Mensch? Das ist eine ganz andere Frage als die nach dem therapeutischen Effekt einer Scheidung. Ja, würde ich sagen, ich bin heute ein glücklicherer Mensch als noch vor einigen Jahren. Ich habe wieder geheiratet, kurz danach bin ich zum dritten Mal Vater geworden. Manche Leser mögen das angesichts meiner Vorgeschichte etwas leichtsinnig finden. Ich halte es bis zum Beweis des Gegenteils für die beste Entscheidung, die ich treffen konnte. Was hätte ich mit meiner neu gewonnenen Freiheit auch anfangen sollen? Endlich den Porsche kaufen, den ich bei Adnan vor der Tür hatte stehen lassen?

Die zweite Heirat ändert alles. Was will man dem Menschen, der einen verlassen hat, jetzt noch vorhalten? Dass er einem die Tür in ein neues Leben aufgestoßen hat? Mit jedem Satz, den man über das Unrecht der Trennung verliert, sagt man dem neuen Partner, wie sehr man den Wechsel bereut.

Spätestens in dem Augenblick, an dem sich weitere Kinder einstellen, richtet sich der Blick ganz nach vorn. Wer jetzt noch mit seinem Schicksal hadert, ist ein Depp, der nicht begreift, wie gut es die Vorsehung mit ihm gemeint hat. Sicher, man kann sich sagen, dass man ja nicht die Trennung beklagt, sondern nur die Umstände derselben, aber das macht die Sache nicht wirklich besser. Wer anfängt, das alte Leben gegen das neue aufzuwiegen, der verliert irgendwann den Halt. Am besten man lässt solche Gedankenspiele bleiben, außer man hat sich beim Familiengericht schon mal vorsorglich eine Nummer für den nächsten Termin gezogen.

Ich habe Ella nach unserer Scheidung noch zweimal gesehen. Das eine Mal war anlässlich der Abiturfeier unserer ältesten Tochter. Mir ist vor allem in Erinnerung geblieben, dass Ella für alle Champagner bestellte (was ich nobel fand) und wir anschließend ziemlich steif um den Tisch saßen (woran auch eine zweite Runde Champagner nichts änderte). Ich war froh, dass wir zu viert blieben. Man liest viel über die Vorzüge der Patchwork-Familie. Wenn man die Zeitungen aufschlägt, muss man den Eindruck gewinnen, als sei Patchwork die Krönung des modernen Lebensentwurfs. Mich hätte die neue Konstellation dennoch überfordert. Rechnen Sie es meiner reaktionären Gesinnung zu, aber Patchwork ist nicht wirklich mein Ding. In der Hinsicht bin ich ganz altmodisch.

Die zweite Begegnung fand am Rande einer Veranstaltung in Berlin statt, auf die wir beide eingeladen waren. Ella sah gut aus. Überraschend gut sogar, wie ich mir eingestehen musste. Es hätte mich nicht gestört, wenn sie ein wenig blasser und abgehärmter gewirkt hätte. So wie sie dastand, in einem geblümten Kleid, wirkte sie wie der lebende Beweis, dass sie am Ende doch recht gehabt hatte mit der Behauptung, alles sei besser als ein weiteres Leben mit mir. Unser Zusammentreffen war nett. Nett und belanglos. Sie gratulierte mir zu dem Kind, das bei mir ins Haus stand. Ich erkundigte mich höflich nach dem neuen Job, den sie gerade angetreten hatte. Wer uns beiden zugehört hätte, wäre im Leben nicht auf die Idee gekommen, dass wir uns vor Kurzem noch über den häuslichen Verbleib eines Plastikeimers bekriegt hatten. Wer sagt, es gebe keine Hoffnung für Länder wie Somalia oder den Jemen, zum Frieden zu finden, hat einfach nicht genug Fantasie, ein paar Jahre im Voraus zu denken.

Drei Jahre, nachdem ein Richter die Ehe zwischen Ella und mir für beendet erklärt hatte, stand ich vor dem Standesamt München-Schwabing, um erneut Ringe zu tauschen. Der Trauzeuge traf mit einer Viertelstunde Verspätung ein, was dem Vormittag ein Element zusätzlicher Spannung verlieh. Hannah trug ein rotes Kleid, das ihre Schwangerschaft eindrucksvoll betonte. Durch das geöffnete Fenster hörte man die Vögel im Englischen Garten. Ich hätte mir keine schönere Trauung vorstellen können.

Bei jeder dritten Eheschließung hat heute mindestens einer der Partner schon eine Ehe hinter sich. Ich bin mit meiner Entscheidung also nicht allein. Es gibt sogar Leute, die es noch öfter versuchen. Gerhard Schröder war dreimal verheiratet, bevor er die Journalistin Doris Köpf traf, mit der er dann immerhin 18 Jahre zusammen war. Joschka Fischer ist bei der fünften Ehe angelangt. Beide wurden in ihrer politisch aktiven Zeit heftig für ihr Heiratsverhalten kritisiert. Es hieß, man könne niemandem trauen, der mehrfach das Eheversprechen gebrochen habe. Ich fand das immer ungerecht. Wer nach einer gescheiterten Ehe den Mut hat, sich wieder zu binden, hat nach meiner Meinung nicht Kritik, sondern Respekt verdient. Er sei schon immer fürs Heiraten gewesen, hat Fischer einmal gesagt, er finde es gut, »dass man sich erklärt und verpflichtet, ohne Hintertür«. Billig kommt das Bekenntnis übrigens auch für einen Kanzler und Vizekanzler nicht. In beiden Fällen gilt ebenfalls das deutsche Familienrecht. Über Fischer ging nach seiner dritten Scheidung die Geschichte um, er habe sein Buch »Der lange Lauf zu mir selbst« vor allem geschrieben, um seinen Zahlungsverpflichtungen nachkommen zu können. Keine Ahnung, was an dem Gerücht dran ist. In jedem Fall sind Politiker in einer miesen Position, was Unterhaltsverhandlungen angeht. Die

Drohung des Ex-Partners, in den Medien reinen Tisch zu machen, verfehlt selten ihre Wirkung.

Die meisten Menschen gehen davon aus, dass die zweite Ehe länger als die erste hält. Statistisch gibt es allerdings keinen Grund zur Annahme, dass es dieses Mal schon gut gehen wird. Zweitehen sind nicht stabiler, die Scheidungsquote liegt sogar noch einmal zehn Prozent höher als bei Erst-Ehen. Das ist einigermaßen verblüffend, wie ich finde. Man sollte annehmen, dass man als Geschiedener bei der Partnersuche besonders sorgfältig vorgeht und damit das Scheidungsrisiko minimiert.

Immerhin, das Alter arbeitet für mich, darauf habe ich auch Hannah vor der Bestellung des Aufgebots hingewiesen. Je älter man wird, desto geringer ist die Gefahr einer Trennung. Bei Frauen nimmt das Scheidungsrisiko pro Lebensjahr um sieben Prozent ab, bei Männern um zwei Prozent. Das ist alles wissenschaftlich erwiesen! Ebenfalls scheidungshindernd sind Kinder (mit einem Kind sinkt die Scheidungswahrscheinlichkeit auf 30 Prozent, das sind 20 Prozentpunkte weniger als bei Kinderlosen; mit drei Kindern ist man bei elf Prozent angelangt und damit auf der ganz sicheren Seite). Eindeutig scheidungsfördernd hingegen sind ein Ehevertrag (plus 47 Prozent Scheidungsrisiko) sowie das Leben in der Großstadt (plus 44 Prozent – wobei zu beachten ist, dass als Großstadt alles ab 100 000 Einwohner zählt; also Augen auf bei der Wahl des Wohnorts, wenn einem die Ehe am Herzen liegt: Marburg geht noch, Heidelberg nicht mehr).

Der Familiensoziologe Hartmut Esser hat eine Liste der Faktoren aufgestellt, die über die Dauer einer Ehe entscheiden. Fragen Sie mich nicht, wo ich sie gefunden habe, sie lag in meiner Materialsammlung unter dem Stichwort »Wiederheirat« gleich obenauf. Nach Essers Zahlen sind sieben

Prozent der Ehen immun gegen Scheidung, auf 18 Prozent trifft dies weitgehend zu. Acht Prozent zählen zu den Scheidungsgeweihten, bei denen nicht mehr viel zu machen ist; 13 Prozent gehören zu den stark Gefährdeten. Bleiben 50 Prozent, die irgendwo dazwischenliegen und bei denen der Ausgang offen ist. Schwer zu sagen, wo ich rangiere. Wahrscheinlich gehöre ich zu der Hälfte derer, die es schaffen könnten, wenn sie sich ein wenig am Riemen reißen. Das ist jedenfalls meine Hoffnung.

Ich habe mir geschworen, nicht ein zweites Mal dieselben Fehler zu begehen. Nur ein Idiot biegt wieder auf den Weg ein, der ihn schon einmal ins Unglück geführt hat. Man nimmt sich vor, beim nächsten Streit tief durchzuatmen, bevor man hinausposaunt, was einem an Erwiderungen auf der Zunge liegt. Dieses Mal werde ich ganz ruhig bleiben und versuchen, beide Seiten der Medaille zu sehen.

Dann schlittert man in seine erste Krise und sagt all die Dinge, von denen man überzeugt war, dass man sie hinunterschlucken würde, und hört all die Vorhaltungen, die man zuvor schon einmal gehört hat. Was zwei Schlüsse zulässt: Die Menschen, mit denen man eine Familie gründet, ähneln einander mehr, als man dachte. Oder man lässt dem Partner durch sein eigenes Verhalten keine andere Wahl, als so zu reagieren, wie er reagiert. Möglicherweise ist es auch eine Kombination aus beidem. Beunruhigend ist es in jedem Fall.

Ein paar Monate nach unserer Trauung sagte Hannah zu mir, je länger sie mit mir zusammenlebe, desto mehr könne sie Ella verstehen. Das war ein Tiefschlag, der auch nicht dadurch gemildert wurde, dass sie dabei lächelte. Ich erinnerte sie daran, welche Höllenqualen ich während der Trennung durchlitten hatte. Ich sagte, dass die Erinnerung an ein traumatisches Erlebnis bei den Betroffenen eine unbeabsichtigte Retraumatisierung auslösen könne. Aber das machte bei Hannah keinen Eindruck. Statt Mitgefühl erntete ich nur Kopfschütteln. »Die Opferrolle steht dir nicht«, sagte sie. Habe ich schon berichtet, dass Hannah im Finanzgeschäft tätig ist? Wie alle Menschen, die viel mit Zahlen zu tun haben, kann sie einen sehr nüchternen Blick auf die Welt haben.

Manchmal sehe ich Hannah von der Seite an und frage mich, wie sie wohl mit mir umspringen würde, wenn das Ende unserer Ehe bevorstünde. Sie hat ein so liebes Lächeln, man traut ihr im Leben keine Gemeinheiten zu. Aber mich kann man nicht mehr täuschen. Ich weiß, dass auch unter dem liebreizendsten Gesicht ein Raubtier lauern kann, das nur darauf wartet, von der Leine gelassen zu werden.

Und dennoch. Wenn Sie mich fragen, ob ich es je bereut habe, mich erneut auf das Wagnis der Ehe eingelassen zu haben, wäre meine Antwort: nicht eine Sekunde. So wie ich es auch nie bereut habe, Ella geheiratet zu haben. Ich lasse mich gerne einen hoffnungslosen Romantiker nennen, aber wer den Glauben an die Liebe verloren hat, der hat sich meiner Meinung nach aufgegeben.

»Warum musst du alles in deinem Leben in einen Text verwandeln?«, hat mich Sahra einmal gefragt. Es war die gleiche Frage, die Betty ihrer Freundin Nora gestellt hatte. Ich gab Sahra die Antwort, die Nora auch Betty gegeben hat.

Warum muss ich alles zu einer Geschichte machen, sogar die eigene Scheidung?

Weil ich so das Gefühl habe, dass auch das Sinn ergibt, was eben noch sinnlos erschien. Weil die Geschichte weniger schmerzt, wenn ich sie erzähle. Weil ich in dem Augenblick, in dem ich den letzten Satz schreibe, die Gespenster der Vergangenheit in ein Gefängnis aus Buchstaben eingemauert habe.

An einem Pfingstmontag kam meine Tochter Clara zur Welt. Ich war mit meinem zwei Jahre zuvor geborenen Sohn Henri im Englischen Garten, als es geschah. Nachdem die ersten Wehen einsetzten, hatte Hannah gesagt, sie fahre schnell in die Klinik und lasse nachschauen, ob alles in Ordnung sei. »Geh du schon mal vor, ich geb dann Bescheid.«

Wir saßen beim Mittagessen am Chinesischen Turm, als Clara ihren Kopf in die Welt steckte. Es gibt ein Bild, das Mutter und Tochter wenige Minuten nach der Geburt zeigt: Hannah mit dem stolzen Lächeln der frisch Entbundenen, das Kind in ihren Armen noch zerknautscht und rotgesichtig vom Transit ins Leben. Eine Hebamme hat das Foto mit Hannahs iPhone geschossen.

Leider gab die Batterie meines Telefons auf, als ich mit dem Sohn im Biergarten saß. Als wir nach zwei Stunden zu Hause angelangt waren und das Handy endlich wieder den Betrieb aufnahm, war das Erste, was auf dem Bildschirm erschien, das Foto aus dem Kreisssaal. »Clara ist seit 13.42 Uhr da. Melde Dich mal«, lautete die Nachricht dazu.

Die meisten Frauen hätte ihren Ehemann nach so einem Tag mit schweren Vorwürfen überzogen. Hannah hielt mir freudig strahlend das Kind entgegen, als ich endlich in der Klinik ankam. Kein Wort der Missbilligung oder der Klage, keine Beschwerden und kein Ärger, und dabei habe ich bei meiner Erzählung aus gutem Grund schon den Teil ausgelassen, wo mich Hannah fragte, ob ich endlich mit meiner Kolumne fertig sei, weil sie Wehen spüre, und ich sagte, ich bräuchte noch eine halbe Stunde, und sie nach einer halben Stunde sanft drängelte: »Wie siehts aus?«, und ich sagte: »Fertig«, und sie spöttisch antwortete: »Na, da bin ich wirklich froh, dann kann ich ja jetzt endlich meine Wehen bekommen.«

Eine nachsichtigere, liebevollere und überhaupt großartigere Frau werde ich in diesem Leben nicht mehr finden. Wenn es diesmal schiefgeht, bin ich wirklich an allem selbst schuld.

Dank

Mein tief empfundener Dank geht an alle, die mir mit Hilfe und Zuspruch zur Seite standen, als ich beides am meisten brauchen konnte:

Peter Carstens und Jana Schröder, Sarah Duve, Georg Gafron, Julia Hacker, Thomas Hüetlin und Kristin Rübesamen, Adriane Iann und Christian Stolz, Ildiko von Kürthy, Sven Michaelsen, Adnan Oral, Rene Pfister, Knud Schewe und Christian Perro, Andrea und Gabor Steingart, Dagmar von Taube, Olivia Tilgner, Jil Winter.